EL EJECUTIVO
AL MINUTO

EL EJECUTIVO AL MINUTO

KENNETH BLANCHARD
SPENCER JOHNSON

Traducción de
Antoni Pigrau

GRUPO EDITORIAL RANDOM HOUSE MONDADORI, S.L.

DeBOLSILLO

El ejecutivo al minuto

Título original: *The One Minute Manager*

Primera edición en España: 2002
Primera edición en México: 2004
Séptima reimpresión: junio, 2009
Octava reimpresión: septiembre, 2009

D. R. © 1981, 1982, Blanchard Family Partnership and Candle Communications Corporation

Traducción de Antoni Pigrau
Diseño de la portada: Equipo de diseño editorial

D. R. © 1984 de la edición en castellano para todo el mundo:
  Grupo Editorial Random House Mondadori, S. L.
  Travessera de Gràcia, 47-49, 08021 Barcelona, España

D. R. © 2005, derechos de edición en lengua castellana para Centroamérica:
  Random House Mondadori, S. A. de C. V.
  Av. Homero No. 544, Col. Chapultepec Morales,
  Del. Miguel Hidalgo, C. P. 11570, México, D. F.

www.rhmx.com.mx

Comentarios sobre la edición y contenido de este libro a:
literaria@rhmx.com.mx

Queda rigurosamente prohibida, sin autorización escrita de los titulares del *copyright*, bajo las sanciones establecidas por las leyes, la reproducción total o parcial de esta obra por cualquier medio o procedimiento, comprendidos la reprografía, el tratamiento informático, así como la distribución de ejemplares de la misma mediante alquiler o préstamo públicos.

ISBN 978-970-780-801-0

Impreso en México / *Printed in Mexico*

El símbolo

El símbolo del Ejecutivo al Minuto —la lectura de un minuto en la esfera de un reloj digital— tiene por objeto recordarnos que cada día debemos dedicar un minuto a contemplar el rostro de las personas que están bajo nuestra dirección. Y también sirve para hacernos percatar de que esas personas son nuestro «capital» más importante.

Agradecimientos

En el transcurso de los años nos han influido las enseñanzas recibidas de mucha gente. Queremos agradecer y rendir a las siguientes personas el homenaje público que merecen:

Un elogio especial al doctor Gerald Nelson, que creó la Amonestación de un Minuto, un sorprendente y eficaz método de disciplina para los padres. Hemos adaptado su método convirtiéndolo en la Reprimenda de un Minuto, sistema igualmente eficaz de disciplina *directiva*.

Y también queremos dar las gracias a los siguientes doctores y doctoras:

Elliott Carlisle, por lo que nos enseñó sobre los directores ejecutivos que tienen tiempo para pensar y planear.

Thomas Connellan, por lo que nos enseñó sobre el modo de hacer claros y comprensibles varios conceptos sobre la conducta.

Paul Hersey, por lo que nos enseñó sobre

cómo tejer las varias ciencias aplicadas de la conducta para obtener una tela útil.

Vernon Johnson, por lo que nos enseñó sobre el Método de la Intervención de Crisis para el tratamiento de alcohólicos.

Dorothy Jongeward, Jay Shelov y Abe Wagner, por lo que nos enseñaron sobre la comunicación y el estado óptimo de las personas.

Robert Lorber, por lo que nos enseñó sobre la aplicación y el uso de conceptos de la conducta en los negocios y en la industria.

Kenneth Majer, por lo que nos enseñó sobre la previsión de objetivos.

Charles McCormick, por lo que nos enseñó sobre el contacto físico y la profesionalidad.

Carl Rogers, por lo que nos enseñó sobre la honestidad y la franqueza personales.

Y por último Louis Tice, por lo que nos enseñó sobre la liberación del potencial humano.

Prólogo

En esta breve historia queremos compartir con usted buena parte de lo que hemos aprendido —gracias a nuestros estudios de medicina y de las ciencias de la conducta— sobre cómo las personas trabajan óptimamente con otras personas.

Por trabajar «óptimamente» entendemos el que las personas obtengan buenos resultados y que se hallen satisfechas de sí mismas, de la organización en que prestan sus servicios y de los demás empleados con quienes comparten su tarea.

La obra que el lector tiene en sus manos, su alegoría del Ejecutivo al Minuto, es una simple compilación de lo que muchas personas razonables y expertas nos han enseñado y de lo que hemos aprendido por nosotros mismos. Reconocemos la importancia de estas fuentes de saber. Y no hemos de ignorar que el personal que trabaja a sus órdenes, señor Director Ejecutivo, le tendrá también a usted como una de *sus* fuentes de saber.

Por eso estamos seguros de que asimilará usted fácilmente los conocimientos prácticos que se ofrecen en este libro y de que los usará en su labor diaria de dirección. Porque, como el gran Confucio nos advierte, «la esencia del conocimiento está, para quien lo posee, en usarlo».

Esperamos que disfrute *usando* lo que aprenda de esta obra y que, como resultado, usted y las personas con las que trabaja tengan una vida más sana, más feliz y más productiva.

KENNETH BLANCHARD, Ph. D.
SPENCER JOHNSON, M.D.

El Ejecutivo al Minuto

La búsqueda

Érase una vez un joven despierto e inteligente que buscaba un director ejecutivo eficaz.

Quería trabajar para uno de ellos. Quería convertirse en uno de ellos.

Su búsqueda le había llevado, por espacio de muchos años, a todos los rincones del mundo.

Había estado en pequeñas ciudades y en las capitales de poderosos países.

Había hablado con muchas personas que ocupaban puestos directivos: con altos cargos de la Administración y oficiales de varios ejércitos, con encargados del ramo de la construcción y ejecutivos de grandes compañías, con decanos de universidades y directivos de importantes almacenes, con inspectores de empresas de servicios públicos y presidentes de fundaciones, con directores de restaurantes y centros comerciales, bancos y hoteles, con hombres y mujeres, jóvenes y viejos.

Había investigado en toda clase de oficinas: grandes y pequeñas, lujosas y modestas, con ventanas y sin ellas.

Empezaba a ver todo el espectro de los métodos empleados por la gente para dirigir a la gente.

Sin embargo, a pesar de lo mucho que había visto, no se daba por satisfecho.

Había visto muchos ejecutivos «duros», cuyas organizaciones parecían ganar mientras que su personal parecía perder.

Algunos de los superiores de aquella gente se creían buenos directores ejecutivos.

Pero muchos de sus subordinados opinaban de manera muy distinta.

Cada vez que el joven se sentaba en el despacho de uno de aquellos «hombres duros», le preguntaba:

—¿Qué clase de ejecutivo diría usted que es?

Sus respuestas variaban muy poco.

—Soy un ejecutivo autocrático: siempre me mantengo en la cúspide de todas las situaciones.

—Soy un ejecutivo con la mirada siempre puesta en lo esencial.

—Nadie me gana en obstinación y determinación.

—Soy un hombre realista.
—Solo pienso en los beneficios.
El joven notó en todas aquellas voces un notable orgullo y un gran interés por los resultados.

El joven incluso encontró a muchos ejecutivos «bondadosos», cuyo personal parecía ganar mientras sus organizaciones parecían perder.

Algunas de las personas que opinaban sobre tales directivos les tenían por buenos ejecutivos.

Los que recibían esas opiniones tenían sus dudas al respecto.

Cada vez que el joven se sentaba para oír responder a la misma pregunta a aquellos jefes «bondadosos», oía:

—Soy un ejecutivo demócrata.
—Me gusta colaborar.
—Me complace ayudar a la gente.
—Soy considerado.
—Creo que soy una persona humanitaria.

El joven notaba en sus respuestas su interés por la gente, y también el orgullo que aquella inclinación les producía.

Pero no se sentía satisfecho.

Casi todos los ejecutivos del mundo daban la impresión de interesarse fundamentalmente o por los resultados o bien por el personal.

Los ejecutivos que se interesaban por los resultados parecían ser tachados a menudo de «autocráticos», mientras que a los ejecutivos que se interesaban por el personal se les tildaba con frecuencia de «demócratas».

El joven había llegado a la conclusión de que ambos tipos de ejecutivos —tanto los autocráticos «duros» como los demócratas «bondadosos»— solo eran parcialmente eficientes. «Es como ser solo medio ejecutivo», pensaba.

Regresó a casa cansado y descorazonado.

Hacía mucho tiempo que hubiera podido abandonar su búsqueda, pero tenía una gran ventaja. Sabía exactamente lo que buscaba.

«Los eficientes —pensaba el joven— se conducen y guían a sus colaboradores de tal modo que tanto a la organización como a los empleados les resulte útil la presencia de esos directivos.»

El joven había buscado un ejecutivo eficiente en todas partes, pero solo había encontrado algunos. Los pocos que halló no quisieron revelarle sus secretos. Comenzó, pues, a temer que nunca llegaría a descubrir las verdaderas características de un ejecutivo eficiente.

Entonces empezaron a llegar a sus oídos maravillosas historias sobre un singular ejecutivo que, irónicamente, vivía en una ciudad cercana. Oyó decir que a la gente le gustaba trabajar con aquel hombre y que, juntos, conseguían grandes resultados. El joven se preguntó si lo que se contaba de él era cierto y si, en caso afirmativo, aquel ejecutivo estaría dispuesto a confiarle sus secretos.

Lleno de curiosidad, telefoneó a la secretaria del singular ejecutivo para ver si podría concertar una entrevista con él. La secretaria le puso inmediatamente en comunicación con su jefe.

El joven preguntó al singular ejecutivo cuándo podría verle.

—En cualquier momento de esta semana, excepto el miércoles por la mañana. Escoja usted mismo el día y la hora que más le convengan.

El joven reprimió sus ganas de reír, pues el ejecutivo de quien tantas maravillas se contaban le pareció de pronto un chalado. ¿Qué ejecutivo podía tener tanto tiempo disponible? Aun así, el joven había quedado fascinado. Y fue a verle.

El Ejecutivo al Minuto

Cuando el joven entró en el despacho del director ejecutivo, le encontró de pie y mirando por la ventana. El joven tosió y, al oírle, el ejecutivo se volvió y sonrió. Invitó al joven a sentarse y le preguntó:

—¿En qué puedo servirle?

El joven respondió:

—Desearía hacerle algunas preguntas sobre su manera de dirigir al personal.

El ejecutivo le dijo amablemente:

—Adelante.

—Bien, para empezar, ¿tiene usted con regularidad reuniones previamente programadas con sus subordinados?

—Sí, las tengo: el miércoles de cada semana, de las nueve a las once de la mañana. Por eso le dije que no podría verle en tal momento.

—¿Qué hace usted en esas reuniones? —inquirió el joven.

—Escucho cómo mi personal examina y analiza lo que realizó durante la semana anterior, los problemas que tiene y lo que aún necesita llevar a término. Luego proyectamos los planes y estrategias para la semana siguiente.

—Las decisiones que se toman en esas reuniones, ¿responsabilizan tanto a usted como a su personal?

—Claro que sí —insistió el ejecutivo—. ¿Qué objeto tendría la reunión si no fuese de esta manera?

—Entonces es usted un hombre participativo, ¿verdad? —preguntó el joven.

—Al contrario —insistió el ejecutivo—. No creo en mi participación en ninguna de las decisiones que toma mi personal.

—Entonces, ¿qué fines tienen sus reuniones?

—Ya se lo he dicho —contestó el ejecutivo—. Por favor, joven, no me haga repetir nada. Es un derroche de mi tiempo y del suyo... Estamos aquí para obtener resultados —prosiguió—. Nuestro principal objetivo es la eficiencia. Estando organizados somos mucho más productivos.

—Ah, entonces es usted consciente de lo necesaria que es la productividad. Está usted más orientado hacia los resultados que hacia el personal —sugirió el joven.

—¡No! —exclamó con voz estentórea el ejecutivo, sorprendiendo a su visitante—. Oigo decir todo eso demasiado a menudo. —Se levantó y empezó a andar de un lado a otro—. ¿Cómo diablos podría obtener resultados si no fuera gracias a mi personal? Me preocupo por mi personal y por los resultados. Ambos van de la mano.

Al cabo de unos instantes, prosiguió:

—Y ahora, joven, mire eso —el ejecutivo mostró un rótulo a su visitante—. Lo tengo sobre mi mesa para que me recuerde una verdad práctica.

*Las personas que se sienten
satisfechas
de sí mismas
logran buenos resultados*

Mientras el joven observaba el rótulo, el ejecutivo dijo:

—Piense en usted mismo. ¿Cuándo rinde más en su trabajo? ¿Cuando se siente satisfecho de sí mismo o cuando no lo está?

El joven asintió con un movimiento de cabeza al advertir lo que era obvio:

—Rindo más en el trabajo cuando me siento satisfecho de mí mismo —respondió.

—Claro que sí —dijo el ejecutivo—. Y lo mismo le sucede a todo el mundo.

El joven levantó el índice al ocurrírsele algo que expresó en el acto:

—Por lo tanto, ayudar a las personas a sentirse satisfechas de sí mismas es la clave para lograr un mayor rendimiento en el trabajo.

—Sí —asintió el ejecutivo—. Pero recuerde que la productividad es algo más que la *cantidad* de trabajo hecho. También es la *calidad* —añadió con énfasis. Luego se dirigió hacia la ventana y dijo—: Venga aquí, joven.

Señaló el tráfico de la calle y preguntó:

—¿Se da usted cuenta de la cantidad de coches extranjeros que circulan por aquí?

El joven miró hacia fuera, hacia el mundo real, y dijo:

—Cada día hay más. Y supongo que se debe a que son más económicos y de mayor duración.

El ejecutivo movió afirmativamente la cabeza con un gesto de disgusto y dijo:

—Exacto. Pero ¿por qué cree que la gente compra coches extranjeros? ¿Porque nuestros fabricantes no producen *suficientes* coches? ¿O bien —dijo el ejecutivo sin interrupción— porque no producen la *calidad* de coche que el público de nuestro país desea o necesita?

—Ahora caigo en ello —contestó el joven—. Es tanto una cuestión de *calidad* como de *cantidad*.

—Por supuesto —añadió el ejecutivo—. La calidad consiste simplemente en dar a la gente el producto o el servicio que desea o necesita realmente.

El Viejo permaneció ante la ventana sumido en sus pensamientos. Podía recordar que, no hacía demasiado tiempo, su país había proporcionado a los pueblos de Europa y Asia la tecnología que necesitaban para su reconstrucción. No podía salir de su asombro al pensar que Estados Unidos se hubieran quedado tan atrasados en productividad.

El joven rompió la concentración del ejecutivo.

—Estaba recordando —dijo— un anuncio que vi en la televisión. Mostraba el nombre de un coche extranjero y, al mismo tiempo, se oían las palabras: «Si puede conseguir un coche que le dure mucho, no compre un coche que le dure poco».

El ejecutivo se volvió y dijo quedamente:

—Me temo que eso sea un buen resumen de lo que sucede. Y el punto más importante de la cuestión sigue siendo este: la productividad presupone tanto cantidad como calidad.

El ejecutivo y su visitante empezaron a apartarse de la ventana para dirigirse hacia el sofá.

—Y, francamente —dijo el Viejo—, el mejor modo de obtener ambos resultados es lograr la colaboración del personal.

El interés del joven iba en aumento. Mientras se sentaba, preguntó:

—Bueno, ya me ha dicho que no es usted un ejecutivo participativo. ¿Cómo se describiría exactamente *a sí mismo*?

—Eso es muy fácil —respondió sin vacilar—. Soy un Ejecutivo al Minuto.

El rostro del joven mostró una gran sorpresa. Nunca había oído hablar de Ejecutivo al Minuto alguno.

—¿Dice que es usted un *qué*? —preguntó para cerciorarse de lo que había oído.

El ejecutivo rió y dijo:

—Soy un Ejecutivo al Minuto. Me llamo así porque necesito muy poco tiempo para obtener muy buenos resultados de mi personal.

Aun cuando el joven se había entrevistado con muchos ejecutivos, nunca había encontrado a ninguno que hablara como aquel. Era casi increíble. Un Ejecutivo al Minuto: alguien que conseguía buenos resultados sin necesitar mucho tiempo.

Al observar la expresión de duda del joven, el ejecutivo dijo:

—No me cree, ¿verdad? No cree usted que yo sea un Ejecutivo al Minuto.

—Debo admitir que me cuesta incluso imaginármelo —respondió el joven.

El ejecutivo rió y dijo:

—Óigame, si quiere saber realmente qué clase de ejecutivo soy, mejor será que hable con mi personal.

El ejecutivo se inclinó sobre la mesa y habló por el interfono de la oficina. Su secretaria, Ms.* Metcalfe, entró un momento después en el despacho y entregó al joven una hoja de papel.

—Estos son los nombres, cargos y números de teléfono de seis personas que podrán darle información sobre mí —explicó el Ejecutivo al Minuto.

—¿Con cuáles de ellos deberé hablar? —preguntó el joven.

—Eso es usted quien deberá decidirlo —respondió el ejecutivo—. Elija el nombre que se le antoje. Hable con algunos de ellos, o con todos, si así lo desea.

—Bien, pero quiero decir por cuál debería empezar.

---

* Abreviatura creada por el movimiento feminista para eliminar la distinción entre *Mrs.* (señora) y *miss* (señorita). *(N. del T.)*

—Ya le he dicho que yo no tomo decisiones por los demás —dijo con firmeza el ejecutivo—. Decídalo usted mismo.

Se levantó y condujo a su visitante hacia la puerta.

—Me ha pedido, y no una vez, sino dos, que tome una decisión por usted. Francamente, joven, es algo que me fastidia. No me haga repetir nada. Elija un nombre y empiece ya, o vaya a otra parte a investigar cómo debe ser un ejecutivo eficiente.

El visitante quedó pasmado. Se sentía incómodo, muy incómodo. Hubo un momento de embarazoso silencio que le pareció una eternidad.

Entonces el Ejecutivo al Minuto miró al joven directamente a los ojos y, esbozando una sonrisa, le dijo:

—Quiere usted aprender a dirigir a la gente, y eso es algo que admiro.

Luego dio la mano a su visitante.

—Si le queda alguna pregunta por hacer después de haber hablado con mi personal —le dijo afablemente—, vuelva a verme. Me gusta su interés y deseo enseñarle a dirigir a la gente. En realidad, me agradaría regalarle ese concepto de Ejecutivo al Minuto. Alguien me obsequió una vez con él y he de confesar que me cambió totalmente. Quiero que lo comprenda a fondo. Si lo desea, también usted podrá convertirse algún día en un Ejecutivo al Minuto.

—Muchas gracias —fue lo único que supo decir el joven.

Dejó el despacho del ejecutivo algo aturullado. Al pasar por delante de la secretaria, esta le dijo con expresión avispada:

—Por el aturdimiento que observo en su cara, veo que ya ha experimentado a nuestro Ejecutivo al Minuto.

El joven, que todavía intentaba hacerse una correcta composición de lugar, respondió muy lentamente:

—Así lo creo.

—Es posible que haya podido ayudarle —dijo Ms. Metcalfe—. He telefoneado a seis personas que pueden informarle sobre él. Cinco de ellas están aquí y han accedido a verle a usted. Creo que comprenderá mejor a nuestro «Ejecutivo al Minuto» cuando haya hablado con ellas.

El joven le dio las gracias y examinó la lista recién recibida. Decidió hablar con tres personas: el señor Trenell, el señor Levy y Ms. Brown.

El primer secreto: la Previsión de Objetivos de un Minuto

Cuando el joven entró en el despacho de Trenell, encontró a un hombre de mediana edad que lo recibió con una sonrisa:

—Bueno, así que usted ha estado hablando con el «Viejo». Es un Gran Tipo, ¿verdad?

—Así parece —respondió el joven.

—¿Le dijo que es un Ejecutivo al Minuto?

—¡Y tanto! Pero no es cierto, ¿verdad?

—Mejor será que crea que sí. Yo apenas le veo alguna vez.

—¿Quiere usted decir que nunca recibe ayuda de él?

—En realidad, muy poca, aunque me dedica algún tiempo al comienzo de una nueva tarea o responsabilidad. Es cuando hace una Previsión de Objetivos de un Minuto.

—¿Una Previsión de Objetivos de un Minuto? ¿Qué es eso? —preguntó el joven—. Me dijo que era un Ejecutivo al Minuto, pero no me habló para nada de la Previsión de Objetivos de un Minuto.

—Es el primero de los tres secretos de lo que llamamos Dirección al Minuto —contestó Trenell.

—¿Tres secretos? —preguntó el joven, deseando saber más.

—Sí —dijo Trenell—. La Previsión de Objetivos de un Minuto es la base de la Dirección al Minuto. En casi todas las organizaciones, ¿sabe usted?, cuando alguien pregunta al personal qué hace y luego formula la misma pregunta a su patrón, obtiene casi siempre dos listas de cosas diferentes. De hecho, en las varias organizaciones en que he trabajado, cualquier relación entre las responsabilidades de mi trabajo y lo que pensaba al respecto mi patrón era pura coincidencia. Y entonces tenía problemas por no haber hecho algo que ni siquiera me había imaginado que formara parte de mi trabajo.

—¿Sucede eso aquí alguna vez? —preguntó el joven.

—¡No! —dijo Trenell—. Nunca. El Director Ejecutivo al Minuto siempre aclara, y muy bien, cuáles son nuestras responsabilida-

des y todo aquello de que debemos dar cuenta.
—¿Y cómo lo hace? —quiso saber el joven.
—De manera muy eficiente —respondió Trenell con una sonrisa.

Trenell comenzó a explicarse:

—Cuando él me ha dicho qué necesidades hay que satisfacer o hemos acordado cuáles son esas necesidades, cada previsión de objetivos debe exponerse de modo que quepa en una sola hoja de papel. El Ejecutivo al Minuto cree que formular una previsión de objetivos no requiere más de doscientas cincuenta palabras. Insiste en que debe poder leerse en un minuto. Él se queda una copia de la previsión y yo otra, con lo que todo queda claro. Además, eso nos permite comprobar periódicamente a ambos cómo marcha la tarea.

—¿Formulan estas previsiones de una sola página para cada objetivo?

—Sí —contestó Trenell.

—Entonces deben de ser necesarias muchas de estas previsiones de una sola hoja para cada miembro del personal.

—No, en realidad no se necesitan muchas —insistió Trenell—. El Viejo cree en la regla proporcional ochenta-veinte por objetivo. Es decir que el ochenta por ciento de los resultados realmente importantes que consigue una persona proceden del veinte por ciento de sus previsiones de objetivos. Por lo tanto, solo hacemos una Previsión de Objetivos de un Minuto basándonos en ese veinte por ciento, o sea, en nuestras áreas clave de responsabilidad: de tres a seis previsiones de objetivos en total. Cuando se trata de un proyecto especial formulamos, por supuesto, una serie especial de Objetivos de un Minuto.

—Muy interesante —comentó el joven—. Creo que comprendo la importancia de la Previsión de Objetivos de un Minuto. Parece algo así como una filosofía de la «ausencia de sorpresas»; cada cual sabe desde el principio lo que se espera de él.

—Exactamente —asintió Trenell.

—¿Así que la Previsión de Objetivos de un Minuto solo hace referencia a cuáles son las responsabilidades de cada colaborador? —preguntó el joven.

—No. Cuando sabemos cuál es nuestra tarea, el director ejecutivo siempre se asegura de que conocemos también los medios más adecuados para su realización. En otras palabras, las normas de actuación quedan también aclaradas. Nos indica lo que espera de nosotros.

—¿Y cómo lo hace? —se interesó el joven—. Quiero decir eso de indicarles lo que espera de ustedes.

—Permítame que se lo explique con un ejemplo —sugirió Trenell.

—Poco después de entrar en esta empresa, una de mis primeras tareas en la Previsión de Objetivos de un Minuto fue la siguiente: identificar los problemas de realización y proponer soluciones que, una vez puestas en práctica, cambiaran positivamente la situación... Cuando me puse a trabajar en ello surgió un problema que había que solucionar, pero no sabía cómo. Llamé, pues, al Ejecutivo al Minuto. Cuando me contestó por el interfono, le dije:

—Señor, tengo un problema.

Antes de que pudiera pronunciar la palabra siguiente, me dijo:

—¡Muy bien! Precisamente para eso, para resolver problemas, se le paga a usted en esta casa.

Luego hubo un silencio de muerte en el otro extremo del interfono. Yo no sabía qué hacer. El silencio era absoluto. Por fin, balbucí:

—Pero..., pero, señor, lo que sucede es que no sé cómo resolver este problema.

—Trenell —dijo—, una de sus previsiones de objetivos para el futuro es la de identificar y resolver por sí mismo sus problemas. Pero, bueno... Considerando que es usted nuevo, suba y hablaremos.

Cuando entré en su despacho, me dijo:

—Cuénteme, Trenell, cuál es su problema, pero expóngamelo en términos prácticos.

—¿Términos prácticos? —respondí como un eco—. ¿Qué entiende usted por términos prácticos?

—Quiero decir —me explicó el director ejecutivo— que no estoy dispuesto a oír solamente comentarios sobre sentimientos y actitudes. Dígame lo que pasa en términos medibles y observables.

Le describí el problema lo mejor que pude. Él me dijo:

—¡Muy bien, Trenell! Ahora dígame, en términos prácticos, qué desearía que sucediese.

—No lo sé —respondí.

—Entonces, no malgaste mi tiempo —dijo, tajante.

El pasmo me tuvo petrificado durante algunos segundos. No sabía qué hacer. Fue él quien, por compasión, rompió el silencio.

—Si puede usted decirme qué le gustaría que sucediese —me dijo—, entonces no es un problema lo que usted tiene. Solo existe un problema cuando hay alguna diferencia entre lo que está sucediendo *realmente* y lo que uno *desea* que suceda.

Como soy rápido en aprender las lecciones, de pronto advertí que sabía lo que quería que sucediese. Se lo dije, y me pidió que le explicara qué podía haber causado la discrepancia entre la realidad y los deseos.

Entonces, el Ejecutivo al Minuto dijo:

—Bien, ¿qué piensa usted hacer al respecto?

—Pues podría hacer *A* —dije.

—Si hiciera usted *A*, ¿ocurriría lo que usted desea que suceda realmente? —preguntó.

—No —respondí.

—Entonces, su solución no sirve para nada. ¿Qué más cree que podría hacer? —inquirió.

—Podría hacer *B* —repuse.

—Pero si hace *B*, ¿ocurrirá lo que usted desea que suceda realmente? —insistió.

—No —tuve que reconocer.

—Entonces, también esta es una mala solución —dijo—. ¿Qué más cree que podría hacer?

Reflexioné durante un par de minutos y dije:

—Podría hacer *C*, pero si hago *C*, lo que quiero que suceda no sucederá, por lo que esta solución tampoco es buena, ¿verdad?

—Correcto. Empieza usted a dar en el clavo —dijo el director ejecutivo, sonriendo—. ¿Qué más cree que podría hacer? —preguntó.

—Quizá podría combinar algunas de estas soluciones —le dije.

—Creo que valdría la pena probarlo —reaccionó.

—Es casi seguro que, si hago *A* esta semana, *B* la próxima y *C* dentro de dos semanas, habré hallado el modo de solucionar el problema. Es algo fantástico. Muchas gracias. Ha resuelto usted el problema por mí.

Se mostró muy enojado:

—Yo no he resuelto nada. Yo solo le he hecho preguntas, preguntas que usted ha podido contestar por sí mismo. Ahora váyase y empiece a solucionar sus problemas con su tiempo, no con el mío.

Yo sabía lo que aquel hombre acababa de hacer, por supuesto. Me había enseñado a solucionar los problemas para que yo, a partir de entonces, pudiera resolverlos por mí mismo. Luego se levantó, me miró fijamente a los ojos y dijo:

—Es usted un buen elemento, Trenell. Téngalo en cuenta la próxima vez que tenga un problema.

Recuerdo que sonreía cuando salí de su despacho.

Trenell se recostó en un sillón. Daba la impresión de haber revivido realmente su primer encuentro con el Ejecutivo al Minuto.

—Por lo tanto —empezó a decir el joven, reflexionando sobre lo que acababa de oír...

La Previsión de Objetivos de un Minuto:
RESUMEN

Una Previsión de Objetivos de un Minuto consiste simplemente en:

1. Concretar sus objetivos.
2. Prever los medios para su mejor realización práctica.
3. Escribir cada uno de sus objetivos en una sola hoja de papel sin emplear más de doscientas cincuenta palabras.
4. Leer y releer cada objetivo, lo que solo requerirá un minuto cada vez que lo haga.
5. Durante el día, dedicar de vez en cuando un minuto a observar cómo marcha su tarea.
6. Cerciorarse de que la realización práctica de su tarea concuerda con su objetivo.

—Eso es —exclamó Trenell—, veo que aprende usted con rapidez.

—Gracias —dijo el joven, sintiéndose satisfecho de sí mismo—. Pero permítame que anote todo eso. Quiero recordarlo.

Cuando el joven hubo anotado algo breve en el cuaderno de notas azul que llevaba consigo, se inclinó hacia delante y preguntó:

—Si la Previsión de Objetivos de un Minuto es el primer secreto para convertirse en un Ejecutivo al Minuto, ¿cuáles son los otros dos?

Trenell sonrió, miró su reloj y dijo:

—¿Por qué no le pregunta eso a Levy? Tiene previsto verle esta mañana, ¿no?

El joven quedó sorprendido. ¿Cómo podía saberlo Trenell?

—Sí —dijo el joven mientras se levantaba y daba la mano a Trenell—. Muchas gracias por haberme dedicado parte de su tiempo.

—No hay de qué —contestó Trenell—. Ahora dispongo de mucho más tiempo que antes. Como probablemente habrá observado, yo también me estoy convirtiendo en un Ejecutivo al Minuto.

El segundo secreto:
los Elogios de un Minuto

Al salir del despacho de Trenell, el joven se sentía sorprendido por la sencillez de lo que acababa de oír. Pensó: «La cosa no puede ser más razonable. Al fin y al cabo, no se puede ser un director ejecutivo eficiente si este y su personal no están seguros de lo que se espera de ellos y también de cuál va a ser la manera más eficiente de llevarlo a cabo».

El joven, tras recorrer un largo pasillo, tomó el ascensor para dirigirse al segundo piso.

Cuando entró en el despacho del señor Levy, le sorprendió encontrarse con un hombre tan joven. Levy se hallaba hacia el final de la veintena o principios de la treintena.

—Bueno, así que usted ha estado hablando con el Viejo. Es un Gran Tipo, ¿verdad?

El joven se estaba ya acostumbrando a oír llamar «Gran Tipo» al Ejecutivo al Minuto.

—Así parece —respondió.

—¿Le dijo que era un Ejecutivo al Minuto? —le preguntó Levy.

—¡Y tanto! Pero no es cierto, ¿verdad? —preguntó el joven para ver si Levy le daba una respuesta diferente de la de Trenell.

—Mejor será que crea que lo es. Yo apenas le veo alguna vez.

—¿Quiere usted decir que nunca recibe ayuda de él?

—En realidad, muy poca, aunque me dedica algún tiempo al comenzar una nueva tarea o asumir una nueva responsabilidad.

—Sí, ya conozco lo de la Previsión de Objetivos de un Minuto —le interrumpió el joven.

—A decir verdad, no estaba pensando en la Previsión de Objetivos de un Minuto. Iba a referirme a los Elogios de un Minuto.

—¿Elogios de un Minuto? —dijo el joven como un eco—. ¿Se trata acaso del segundo secreto para convertirse en un Ejecutivo al Minuto?

—Sí, eso es —le reveló Levy—. Cuando empecé a trabajar aquí, el Ejecutivo al Minuto me aclaró, y muy bien, lo que él iba a hacer.

—¿Y qué era? —preguntó el visitante.

—Me dijo que me sería mucho más fácil obtener buenos resultados si conseguía que la imagen de mi actuación llegara a ser un fiel reflejo de su manera de hacer las cosas... Me dijo que deseaba que yo tuviera éxito. Que quería que yo fuera una ayuda importante para la organización y que disfrutase con mi trabajo. Me aclaró también que, para ello, me haría saber de *manera inequívoca* cuándo mi tarea era buena y cuándo era mala. Y por último me advirtió que, al principio, quizá ello no resultara demasiado cómodo para ninguno de los dos.

—¿Por qué? —preguntó el visitante.

—Porque, como me indicó entonces, son pocos los directores ejecutivos que dirigen de esa manera, por lo que la gente no está acostumbrada a ello. Añadió que este intercambio crítico y constante me sería de gran utilidad.

—¿Podría darme un ejemplo de lo que me está explicando? —le pidió el joven.

—Claro que sí —asintió Levy—. Poco después de haber comenzado a trabajar aquí advertí que, después de que mi director ejecutivo hubiera hecho una Previsión de Objetivos de un Minuto con mi colaboración, se mantenía en estrecho contacto conmigo.

—¿Qué entiende usted por «estrecho contacto»? —preguntó el joven.

—Lo hacía de dos maneras —aclaró Levy—. Ante todo, seguía mis actividades muy de cerca. Nunca parecía encontrarse muy lejos de mí. Y luego me hacía llevar detallados informes sobre la marcha de mi trabajo e insistía en que se los enviara.

—Muy interesante —dijo el joven—. ¿Y por qué procedía de aquella manera?

—Al principio, creí que me espiaba porque no confiaba en mí. Esto es lo que estuve pensando hasta que descubrí, por otros miembros del personal, lo que se proponía.

—¿Y qué se proponía? —quiso saber el joven.

—Intentaba sorprenderme mientras hacía algo bien —dijo Levy.

—¿Sorprenderle mientras hacía algo bien? —dijo el joven.

—Sí —contestó Levy—. Tenemos aquí un lema que dice:

*Ayude a la gente
a alcanzar
su máxima eficacia.
Sorpréndala
mientras hace
algo bien*

Levy prosiguió:

—En casi todas las organizaciones, los directores ejecutivos se pasan la mayor parte del tiempo intentando sorprender a los miembros del personal mientras hacen... ¿sabe qué?

El joven sonrió y dijo con expresión de picardía:

—Mientras hacen algo *mal*.

—¡Exacto! —exclamó Levy—. En cambio, aquí ponemos el acento en lo positivo. Intentamos sorprender a la gente mientras hace algo *bien*.

El joven escribió unas cuantas notas en su cuaderno y luego preguntó:

—¿Qué sucede, señor Levy, cuando el Ejecutivo al Minuto sorprende a alguien mientras hace algo bien?

—Le dedica un Elogio de un Minuto —respondió Levy, con cierto aire de satisfacción.

—¿Y eso qué significa? —quiso saber el joven.

—Pues que al advertir que un miembro del personal ha hecho algo bien, se pone en contacto con él. A menudo esto incluye la deferencia de poner su mano sobre la espalda de la persona en cuestión o de tocarla suavemente y de manera amistosa.

—Cuando eso le sucede a usted, ¿no le molesta que le toque?

—¡No! —exclamó Levy—. Al contrario, me da ánimos. Gracias a ello sé que se preocupa realmente por mí y que me ayuda a prosperar. Como él dice: «Cuanto más constantes son los éxitos del personal que un dirigente tiene a sus órdenes, a mayor altura asciende este en la organización».

Tras una breve pausa, añadió:

—Esa clase de contactos son siempre breves, pero me dejan con la impresión de que ambos continuamos realmente en el mismo bando... Además, después me mira fijamente a los ojos y me dice con exactitud lo que he hecho bien. Luego me da a entender que comparte conmigo su satisfacción por mi trabajo.

—Jamás tuve noticia de que un director ejecutivo se comportara de esa manera —dijo el joven—. Supongo que le hará sentirse a usted muy satisfecho de sí mismo.

—Sí, sin duda es lo que me sucede —confirmó Levy—, y por varias razones. Ante todo, es agradable recibir un elogio tan pronto como he hecho algo bien —sonrió y se inclinó hacia su visitante. Después rió y dijo—: No tengo que esperar ese informe anual de Control del Rendimiento, y doy por descontado que usted ya sabe lo que eso significa. Pero de ello hablaremos más adelante.

Ambos sonrieron. Levy prosiguió:

—Luego, gracias a su costumbre de especificar exactamente lo que he hecho bien, sé que es sincero respecto a mi trabajo y que está familiarizado con él. Y aún hay más: es un hombre equilibrado y estable.

—¿Estable? —preguntó el joven, deseando saber más.

—Sí —insistió Levy—. Me elogia si estoy trabajando bien y merezco sus alabanzas aun cuando las cosas no le marchen bien en otros aspectos. Sé que a veces está preocupado o enojado por causas que nada tienen que ver conmigo. Pero él siempre atiende a lo que me atañe a mí; no a lo que pueda referirse a él. Y eso es algo que le agradezco mucho.

—Y todos estos elogios, ¿no le roban mucho tiempo al director ejecutivo? —preguntó el joven.

—En realidad, no —dijo Levy—. Recuerde que no es necesario elogiar a una persona durante mucho tiempo para que se dé cuenta de que la estiman y se preocupan por ella. No suele requerir más de un minuto.

—Y por eso lo llaman Elogios de un Minuto —dijo el visitante mientras anotaba lo que estaba aprendiendo.

—Exacto —dijo Levy.

—¿El director ejecutivo está siempre intentando sorprenderle mientras hace algo bien? —preguntó el joven.

—No, por supuesto —contestó Levy—. Solo lo hace cuando alguien entra a trabajar aquí, o cuando inicia un nuevo proyecto o asume una nueva responsabilidad.

—¿Por qué? —quiso saber el joven.

—Porque tanto él como su subordinado tienen otras maneras de saber cuándo la marcha del trabajo de este es merecedora de elogios.

Ambos pueden examinar los datos necesarios consultando el sistema de información de que disponen: las cifras de ventas, los gastos, los programas de producción, y así sucesivamente. Y después —añadió Levy—, cuando uno lleva algún tiempo sorprendiéndose a sí mismo mientras realiza cosas bien hechas, empieza a tener cierta sensación de autoelogio. Además, siempre se está preguntando cuándo volverá a elogiarle su superior, cosa que le mantiene a uno en perfecta forma incluso cuando él no está a la vista. Es algo misterioso y sorprendente a la vez. Jamás trabajé con tanta intensidad y de tan buena gana en mi vida.

—Eso es realmente interesante —comentó el joven—. Así los Elogios de un Minuto son uno de los secretos para convertirse en un Ejecutivo al Minuto.

—Así es, en efecto —dijo Levy con los ojos chispeantes de entusiasmo. Disfrutaba viendo aprender a alguien los secretos de la Dirección al Minuto.

Cuando el visitante repasó sus notas, verificó rápidamente lo que había aprendido sobre los Elogios de un Minuto.

Los Elogios de un Minuto:
RESUMEN

Los Elogios de un Minuto dan resultado cuando usted:

1. Dice sin rodeos a los miembros del personal que les dará su opinión sobre la marcha del trabajo.
2. Les elogia inmediatamente cuando lo merecen.
3. Les dice, con toda concreción, lo que han hecho bien.
4. Les comunica su satisfacción por la excelente labor que han hecho, y les explica de qué manera esto beneficia a la organización y a las demás personas que trabajan en ella.
5. Se detiene y guarda un momento de silencio para que «noten» lo satisfecho que se siente usted.
6. Les anima a seguir procediendo del mismo modo.

7. Les estrecha la mano y les da unas palmadas en la espalda para que quede bien claro que usted apoya el éxito de esas personas en la organización.

—¿Y cuál es el tercer secreto? —preguntó ansiosamente el joven.

Levy rió ante el gran entusiasmo de su visitante, se levantó de su sillón y dijo:

—¿Por qué no lo pregunta a Ms. Brown? Tengo entendido que también piensa hablar con ella.

—Sí, así es —admitió el joven—. Bueno, y muchas gracias por el tiempo que me ha dedicado.

—Eso no tiene importancia —dijo Levy—. El tiempo es precisamente algo de lo que no ando escaso. Como habrá visto, ahora yo también soy un Ejecutivo al Minuto.

El visitante sonrió. No era la primera vez que oía aquella expresión.

Tenía ganas de reflexionar sobre lo que estaba aprendiendo. Salió del edificio y dio un paseo entre los árboles de los alrededores. Volvió a sorprenderse de la sencillez y el sentido común que se desprendía de cuanto había oído.

«¿Cómo puede uno discutir la eficacia de sorprender a un empleado mientras hace algo bien —pensó el joven—, especialmente si esta persona *sabe* de antemano lo que tiene que hacer y en qué consiste la correcta ejecución de su tarea? ¿Pero son realmente eficaces los Elogios de un Minuto? —se preguntó—. ¿Da realmente resultado toda esa Dirección al Minuto? ¿Resultados completamente satisfactorios?»

Mientras paseaba, su curiosidad sobre los resultados de aquellos métodos iba en aumento. Por ello fue a ver de nuevo a la secretaria del Ejecutivo al Minuto y pidió a Ms. Metcalfe que le diese otra hora para la entrevista que tenía proyectada con Ms. Brown. Para la mañana siguiente, si era posible.

—Sí, puede ser mañana por la mañana —dijo la secretaria tan pronto como hubo hablado por el interfono—. Ms. Brown me ha dicho que le comunique que puede visitarla en cualquier momento, excepto el miércoles por la mañana.

Entonces, Ms. Metcalfe llamó a cierto lugar del centro de la ciudad para concertar la nueva entrevista solicitada por el joven. Tenía que ver a Ms. Gómez, ejecutiva de la oficina central de la empresa.

—Allí tienen información sobre todas las

dependencias de la compañía —le dijo la secretaria con aire de enterada—. Estoy segura de que encontrará cuanto necesite.

Él le dio las gracias y se marchó.

La apreciación

Después del almuerzo, el joven se dirigió al centro de la ciudad. Se reunió con Ms. Gómez, mujer de aspecto competente que tenía poco más de cuarenta años. Al hablar de empresas y negocios, el joven le preguntó:

—¿Podría decirme, por favor, cuál es la división operativa más eficiente y mejor preparada que tienen en el país? Quisiera compararla con la del llamado «Ejecutivo al Minuto».

Un instante después, cuando Ms. Gómez le contestó, no pudo por menos de reír.

—Pues no tendrá que ir usted muy lejos para encontrarla —dijo—, porque es la de nuestro Ejecutivo al Minuto. Es un Gran Tipo, ¿verdad? Su división operativa es la más eficiente y la mejor preparada de todas nuestras sucursales.

—Es algo increíble —dijo el joven—. ¿Dispone acaso del mejor equipo humano?

—No —respondió Ms. Gómez—. En realidad tiene a sus órdenes a algunos de los empleados de más edad.

—Bueno, pues tiene que haber algún error —dijo el joven, desconcertado aún por el sistema de dirección del Viejo—. Dígame: ¿cambia mucho de subordinados?

—¡Ya lo creo! —dijo Ms. Gómez—. Tiene un gran movimiento de personal.

—¡Ajá! —exclamó el joven, convencido de que acababa de descubrir algo.

—¿Y adónde van a parar esas personas cuando dejan de trabajar a las órdenes del Ejecutivo al Minuto? —quiso saber el joven.

—Las ponemos al frente de su propia división operativa —contestó rápidamente Ms. Gómez—. Después de dos años de trabajar con él, ¿quién necesita un director ejecutivo? Es nuestro mejor hombre para la formación de personal. Cuando abrimos una nueva sucursal y necesitamos un buen director ejecutivo, le consultamos sin excepción. Siempre tiene a alguien suficientemente preparado.

Sorprendido, el joven dio las gracias a Ms. Gómez por el tiempo que le había dedicado..., pero esta vez recibió una respuesta diferente.

—Me ha encantado poder recibirle hoy —dijo ella—. Durante todo el resto de la semana estoy ocupadísima. Me gustaría saber cuáles son los secretos del Ejecutivo al Minuto. Me he propuesto ir a verle muchas veces, pero no he podido hacerlo por falta de tiempo.

El joven, sonriendo, le dijo:

—La obsequiaré con estos secretos cuando los conozca todos. Tal como él me los está confiando a mí.

—Sería un regalo estupendo —dijo Ms. Gómez con una sonrisa. Dio una mirada alrededor de su desordenado despacho y añadió:

—Cualquier ayuda que reciba me será muy útil.

El joven abandonó el despacho de Ms. Gómez y salió a la calle moviendo la cabeza. El Ejecutivo al Minuto le estaba resultando un hombre de lo más fascinante.

Aquella noche, el joven tuvo un sueño muy inquietante. Estaba impaciente por llegar al día siguiente, por conocer el tercer secreto necesario para convertirse en un Ejecutivo al Minuto.

El tercer secreto: las Reprimendas de un Minuto

A la mañana siguiente, entró en el despacho de Ms. Brown a las nueve en punto. Le dio la bienvenida una mujer elegantemente vestida que parecía hallarse en los últimos años de la cincuentena. Escuchó cómo le decía la frase habitual:

—Es un Gran Tipo, ¿verdad?

Pero esta vez el joven había llegado a un punto en que pudo decir sinceramente:

—¡Sí, lo es!

—¿Le dijo que es un Ejecutivo al Minuto? —preguntó Ms. Brown.

—Es lo que he estado oyendo en todas partes —dijo el joven, riendo—. Pero no es cierto, ¿verdad? —preguntó para ver si obtenía una respuesta diferente.

—Mejor será que crea que sí. Yo apenas le veo alguna vez.

—¿Quiere usted decir que tiene poco contacto con él —prosiguió el joven— aparte de sus reuniones semanales?

—A decir verdad, muy poco. Excepto, por supuesto, cuando hago algo mal —dijo Ms. Brown.

Sorprendido, el joven dijo:

—¿Quiere usted decir que solo ve al Ejecutivo al Minuto cuando hace algo mal?

—Sí. Bueno... No con tan poca frecuencia —respondió Ms. Brown—, pero casi.

—Yo creía que existía un lema según el cual había que sorprender a la gente mientras hacía algo bien.

—Así es —confirmó Ms. Brown—. Pero debe saber algunas cosas sobre mí.

—¿Qué? —preguntó el joven.

—Solo hace algunos días que trabajo aquí, pero me conozco esta división operativa de arriba abajo. En consecuencia, el Ejecutivo al Minuto no tiene que dedicarme mucho tiempo, por no decir ni una pizca, para formular la previsión de objetivos. De hecho, suelo escribir yo misma mis previsiones y luego se las envío.

—¿Debe redactarse cada previsión de objetivos en una sola hoja de papel?

—¡Vaya que sí! No debe contener más de doscientas cincuenta palabras, y tanto el famoso ejecutivo como yo hemos de ser capaces de leerla en un minuto.

Ms. Brown siguió diciendo:

—Otra cosa importante al respecto es que me gusta mi trabajo. Por ello me hago yo misma mis Elogios de un Minuto. En realidad, si una no está a favor de sí misma, ¿quién va a estarlo? Una amiga mía me mencionó una vez un lema que siempre recordaré: «Si no haces sonar tu propio cuerno, alguien lo usará como escupidera».

El joven sonrió. Le gustó el sentido del humor de aquella mujer.

—¿La elogia alguna vez su director ejecutivo? —le preguntó.

—A veces, sí, pero no tiene que hacerlo muy a menudo porque para eso me basto yo sola —respondió Ms. Brown—. Además, cuando hago algo especialmente bien, incluso llego a pedir al Ejecutivo al Minuto que me elogie.

—¿Tiene usted el valor de hacerlo? —preguntó el joven.

—La cosa es fácil. Hago una apuesta conmigo misma para ver si gano o si me quedo sin ganar ni perder. Si me hace el elogio, gano.

—¿Y si no se lo hace? —preguntó el joven.

—Entonces ni gano ni pierdo —respondió Ms. Brown—. Antes de pedírselo tampoco me lo había hecho...

El joven tomó nota de la filosofía de Ms. Brown con una sonrisa en los labios, y luego continuó:

—Dice usted que su jefe le dedica algún tiempo cuando hace algo mal. ¿Qué quiere decir con eso?

—Si cometo un error importante, recibo invariablemente una Reprimenda de un Minuto —dijo Ms. Brown.

—¿Una *qué*? —preguntó el joven, sorprendido.

—Una Reprimenda de un Minuto —repitió Ms. Brown—. Es el tercer secreto para convertirse en un Ejecutivo al Minuto.

—¿Y cómo ocurre eso? —preguntó el joven.

—De una manera muy sencilla —dijo Ms. Brown.

—Me figuraba que diría algo así —dijo el joven.

Ms. Brown rió y explicó:

—Si llevo haciendo cierto trabajo desde hace algún tiempo y sé cómo hacerlo bien, y aun así cometo un error, el Ejecutivo al Minuto no tarda en reaccionar.

—¿Qué hace? —preguntó el joven.

—Tan pronto como tiene conocimiento de la equivocación, viene a verme. Primero, comprueba los hechos. Entonces puede que me ponga la mano sobre el hombro o que dé la vuelta al escritorio para situarse a mi lado.

—¿Y eso no la preocupa? —le preguntó el joven.

—Claro que me preocupa..., porque una ya sabe lo que le espera, especialmente si su rostro no muestra ni un asomo de sonrisa. Entonces me mira directamente a los ojos —continuó— y me dice con precisión lo que hice mal. Y luego comparte conmigo el efecto que le ha causado mi error: enojo, ira, frustración o cualquier otro sentimiento que experimente.

—¿Y cuánto dura eso? —preguntó el joven.

—Solo unos treinta segundos, pero a mí me parecen una eternidad —le confesó Ms. Brown.

El visitante no pudo por menos de recordar lo que había sentido cuando el Ejecutivo al Minuto le dijo, «en términos inequívocos», cómo le fastidiaba su indecisión de novato.

—¿Y entonces qué sucede? —preguntó el joven escurriéndose hacia el borde de la silla.

—Deja, con unos segundos de silencio, que sus palabras penetren bien en mí. ¡Y cómo me penetran, recórcholis!

—¿Y luego qué? —preguntó el joven.

—Me mira fijamente con absoluta franqueza y honradez y me hace saber lo competente que, en su opinión, suelo ser. Se asegura de que comprenda que el único motivo que lo ha llevado a indisponerse conmigo es precisamente el respeto que me tiene. Me dice que mi conducta es impropia de mí. Y me expresa su sincero deseo de volver a verme lo antes posible, siempre que yo haya comprendido que él no aceptará indiferente la repetición del mismo error...

El joven la interrumpió:

—Esto le debe de dar mucho que pensar.

—Sí, mucho —dijo Ms. Brown, corroborando su afirmación con un vigoroso movimiento de cabeza.

El joven sabía muy bien de qué hablaba Ms. Brown. Tomaba notas con la mayor rapidez posible. Tenía la sensación de que aquella mujer iba a revelarle aún varios puntos importantes.

—Primero —dijo Ms. Brown—, suele darme la reprimenda tan pronto como he hecho algo mal. En segundo lugar, puesto que especifica exactamente en qué consiste mi error, no necesito ser un lince para advertir que está «hasta la coronilla» del asunto y que no me libraré de la reprimenda con ninguna zalamería. Tercero, al no atacarme personalmente (solo critica mi comportamiento), tampoco me pongo tan fácilmente a la defensiva. No intento justificar mi error con falsos razonamientos ni echándole la culpa a él o a otra persona. Sé que obra con justicia. Y, cuarto, es un hombre estable.

—¿Quiere usted decir que le da una reprimenda por haber hecho algo mal aunque a él las cosas le vayan bien en otros aspectos?

—Sí —contestó ella.

—¿Y todo eso solo dura un minuto? —preguntó el joven.

—Generalmente es así —respondió Ms. Brown—, y cuando ha terminado, ha terminado. La reprimenda de un Ejecutivo al Minuto no dura mucho, pero puedo garantizarle que la persona amonestada no comete dos veces el mismo error. No lo olvide.

—Creo que sé de qué está hablando —dijo el joven—. Me temo que le pedí...

—Espero —le interrumpió ella— que no le haya pedido que le repitiera algo.

El joven se sentía embarazado.

—Pues lo hice —confesó.

—Entonces ya sabrá lo que es ser objeto de una Reprimenda de un Minuto. Aunque supongo que, dada su calidad de visitante, la amonestación fue más benigna.

—No sé si puede llamarse benigna —dijo el joven—, pero no me quedaron ganas de pedirle que me repitiera nada. Fue un error por mi parte... Por cierto —añadió—, me pregunto si el Ejecutivo al Minuto cometerá alguna vez un error. Podría decirse que parece demasiado perfecto.

—Apenas cae en alguno —dijo—. Pero no puede negarse que tiene buen sentido del humor. Así, cuando comete efectivamente una equivocación, como la de olvidarse de la segunda mitad de una Reprimenda de un Minuto, se lo hacemos notar y bromeamos sobre ello.

Luego añadió:

—Lo hacemos, naturalmente, cuando nos hemos recuperado de la reprimenda. Más tarde, por ejemplo, le telefoneamos y le decimos que estamos convencidos de habernos equivocado. Entonces, riendo, le pedimos que nos dé la mitad halagadora de la reprimenda porque no hemos quedado muy satisfechos de nosotros mismos.

—Y entonces, ¿qué hace él? —preguntó el joven.

—Por lo que a mí respecta, suele reír y decirme que siente haber olvidado comunicarme que soy una persona estupenda.

—¿Pueden reírse de los elogios y las reprimendas que reciben?

—¡Claro que sí! —dijo Ms. Brown—. El Ejecutivo al Minuto, ¿sabe usted?, nos ha enseñado el valor que tiene poder reírnos de nosotros mismos cuando cometemos un error. Nos ayuda a trabajar con más eficiencia.

—¡Eso es fantástico! —dijo el joven con entusiasmo—. ¿Cómo han aprendido a hacer tal cosa?

—Muy sencillo —contestó Ms. Brown—: viéndolo hacer a nuestro jefe.

—¿Quiere usted decir que su jefe es capaz de reírse de sí mismo cuando comete un error? —preguntó, asombrado, el joven.

—Bueno, no siempre —admitió Ms. Brown—. Es como la mayoría de nosotros. A veces no resulta fácil hacerlo. Pero lo consigue a menudo. Y, cuando se ríe de sí mismo, su comportamiento tiene un efecto muy positivo sobre cuantos le rodean.

—Debe de estar muy seguro de sí mismo —observó el joven.

—En efecto —contestó Ms. Brown.

El joven estaba impresionado. Comenzaba a darse cuenta de lo valioso que un ejecutivo como aquel podía resultar en cualquier organización empresarial.

—¿Por qué cree usted que las Reprimendas de un Minuto de su jefe son tan eficaces? —preguntó.

—Eso será mejor que lo pregunte al Ejecutivo al Minuto —dijo Ms. Brown mientras se levantaba y conducía al joven hacia la puerta.

Cuando él le dio las gracias por el tiempo que le había dedicado, Ms. Brown sonrió y dijo:

—Estoy segura de que sabe usted muy bien cuál va a ser la respuesta.

Ambos rieron. Comenzaba a sentirse como un miembro de aquella organización y no como un simple visitante, lo cual le causó cierta satisfacción.

Al llegar al vestíbulo, se dio cuenta del poco tiempo que había pasado con aquella mujer y de la abundante información que aun así le había facilitado.

Reflexionó sobre lo que Ms. Brown le había dicho. Parecía tan sencillo... Resumió mentalmente lo que debía hacerse cuando uno sorprendía a una persona experimentada haciendo algo mal.

Las Reprimendas de un Minuto:
RESUMEN

Las Reprimendas de un Minuto dan buen resultado cuando usted:

1. Dice *de antemano* a los miembros del personal que les hará saber claramente si trabajan bien o mal.

Primera parte de la reprimenda:

2. Los reprende inmediatamente.
3. Les dice, en concreto, qué es lo que han hecho mal.
4. Les comunica lo que piensa, en términos inequívocos, sobre lo que han hecho mal.
5. Se detiene y guarda unos segundos de incómodo silencio para que noten lo insatisfecho que se siente usted.

SEGUNDA PARTE DE LA REPRIMENDA:

6. Les da la mano, y alguna palmada en la espalda, para que se den perfecta cuenta de que usted se halla honestamente al lado de ellos.
7. Les recuerda la gran estima en que los tiene.
8. Reafirma que los tiene en buen concepto, pero que en este caso no puede elogiar su trabajo.
9. Da a entender que cuando la reprimenda se acabó, se acabó.

El joven no habría creído en la eficacia de la Reprimenda de un Minuto si no hubiera experimentado personalmente sus efectos. Sin duda se sentía incómodo y no quería experimentarlo de nuevo.

Sin embargo, sabía que todo el mundo cometía errores de vez en cuando, y que era muy posible que algún día recibiera otra reprimenda. Pero sabía que si procedía del Ejecutivo al Minuto, sería justa; que consistiría en un comentario sobre su comportamiento y sobre su valía como persona.

Mientras iba hacia la oficina del Ejecutivo al Minuto, no paraba de pensar en la sencillez de la Dirección al Minuto.

Sus tres principios eran razonables: las Previsiones de Objetivos de un Minuto, los Elogios de un Minuto y las Reprimendas de un Minuto. «Pero ¿por qué dan resultado? —se preguntaba—. ¿Por qué el Ejecutivo al Minuto es el directivo más eficiente de la compañía?»

El Ejecutivo al Minuto se explica

Cuando el joven llegó a la oficina del Ejecutivo al Minuto, su secretaria le dijo:

—Ya puede pasar. Se ha estado preguntando cuándo volvería usted a verle.

Al entrar el joven en el despacho, advirtió de nuevo lo despejado y ordenado que estaba. El Ejecutivo al Minuto le acogió con una afectuosa sonrisa.

—Bien, ¿qué ha descubierto usted en sus exploraciones? —preguntó.

—¡Muchísimas cosas! —exclamó el joven con entusiasmo.

—A ver, cuénteme lo que ha aprendido —le animó el ejecutivo.

—He descubierto por qué le llaman a usted el Ejecutivo al Minuto. Prepara usted Objetivos de un Minuto con su personal para asegurarse de que cada cual sabe la responsabilidad que tiene y de que usted podrá controlar la marcha de su trabajo. Entonces, intenta sorprenderles mientras hacen algo bien para poder hacerles un Elogio de un Minuto. Y luego, finalmente, si tienen la competencia suficiente para hacer algo bien, pero lo hacen mal, les lanza una Reprimenda de un Minuto.

—¿Y qué piensa usted de todo eso? —preguntó el Ejecutivo al Minuto.

—Estoy realmente sorprendido de lo sencillo que es su sistema —dijo el joven— y de que, sin embargo, funcione bien y dé buenos resultados. Estoy convencido de que saca usted buen provecho de él.

—Y lo sacará también usted si quiere emplearlo —le dijo el ejecutivo.

—Tal vez sí —dijo el joven—, pero sería más fácil que lo adoptara si pudiese comprender mejor por qué *funciona*.

—Esto le sucede a todo el mundo, joven. Cuanto mejor se comprende por qué funciona, más dispuesto se halla uno a *usarlo*. Por esto me complacerá explicarle todo lo que sé al respecto. ¿Por dónde quiere que empecemos?

—Pues verá... Ante todo, cuando usted habla de la Dirección al Minuto, ¿quiere decir que solo invierte un minuto en todas las cosas que necesita hacer como director ejecutivo?

—No, no siempre. Solo es una manera de expresar que ser un ejecutivo no es tan complicado como la gente podría hacerle creer. Y que incluso dirigir al personal tampoco requiere tanto tiempo como probablemente cree usted.

Por lo tanto, aunque yo hable de la Dirección al Minuto, cada uno de sus elementos puede exigir más de un minuto, por ejemplo, la Previsión de Objetivos. No es más que un término *simbólico*. Aunque, con mucha frecuencia, ciertamente solo me lleva un minuto. Permítame que le muestre una de las notas que guardo sobre mi mesa.

Al observarla, el joven pudo leer:

*El mejor
minuto
del día es el que
invierto en mi personal*

—Es algo irónico —dijo el ejecutivo—. Casi todas las compañías gastan del cincuenta al setenta por ciento de su dinero en sueldos. Y, en cambio, gastan menos del diez por ciento de su presupuesto en la formación de su personal. En realidad, la mayor parte de las empresas gastan más tiempo y dinero en conservar sus edificios y equipamiento que en mantener y aumentar la eficiencia de su personal.

—Nunca había reflexionado sobre esto —admitió el joven—. Pero si el personal consigue resultados, es lógico que se invierta en él.

—Exactamente —dijo el ejecutivo—. Me habría gustado que alguien hubiera invertido en mí más pronto cuando empecé a trabajar.

—¿Qué quiere usted decir? —preguntó el joven.

—Se lo explicaré enseguida. En casi todas las organizaciones en que he trabajado antes, muy a menudo desconocía cuál era mi cometido. Nadie se preocupaba de decírmelo. Si alguien me hubiese preguntado si estaba haciendo un buen trabajo, hubiera contestado: «No lo sé», o «Creo que sí». Si me hubieran preguntado por qué pensaba así, hubiese dicho: «Hace tiempo que no he recibido ninguna reprimenda de mi patrón» o «No tener noticias es lo mismo que tener buenas noticias». Era casi como si mi principal motivación fuese la de evitar el castigo.

—Muy interesante —admitió el joven—. Pero no estoy seguro de comprenderle del todo.

Y entonces añadió ansiosamente:

—De hecho, considerando que a usted nada le falla, quizá yo comprendería mejor las cosas si tuviera respuesta a alguno de mis «porqués». Podríamos empezar por la Previsión de Objetivos de un Minuto. ¿Por qué funciona tan bien?

Por qué dan buen resultado las Previsiones de Objetivos de un Minuto

Q UIERE usted saber por qué *funcionan* las Previsiones de Objetivos de un Minuto —dijo el ejecutivo—. Muy bien.

Se levantó y empezó a andar por la habitación, añadiendo:

—Permítame que le haga una analogía que probablemente le servirá de ayuda. En las varias organizaciones en que he trabajado a lo largo de los años, he podido ver a muchas personas poco o nada motivadas en su trabajo. Pero nunca he visto a una persona que no se sintiera motivada *después* del trabajo. Todo el mundo parecía tener motivos para hacer algo.

»Una noche, por ejemplo, me hallaba jugando a los bolos cuando vi a algunos de los "empleados-problema" que trabajaban en la última empresa en que presté mis servicios. Uno de los verdaderos hombres-problema, al que recuerdo demasiado bien, se acercó a la línea de lanzamiento e hizo rodar la bola. Un instante después, se puso a gritar y a saltar de alegría. ¿Por qué cree que se sentía tan feliz?

—Porque había dado un buen golpe. Había derribado todos los bolos.

—Exactamente. Entonces, ¿por qué cree usted que hay tantos empleados que, como aquel, no dan pie con *bolo* en su trabajo?

—Porque no saben dónde están los bolos —dijo el joven sonriendo—. La cosa está clarísima. ¿Cómo puede jugarse a los bolos sin... bolos?

—Perfecto —dijo el Ejecutivo al Minuto—. Ahora ya comprende usted lo que sucede en la mayoría de organizaciones. Creo que casi todos los directores ejecutivos saben lo que quieren que hagan sus empleados. Pero lo que sucede es que no se molestan en explicárselo para que puedan entenderlo. Dan por descontado que tienen que saberlo. Cuando se trata de una Previsión de Objetivos, yo nunca doy nada por descontado.

Luego añadió:

—Cuando uno da por supuesto que el personal ya sabe lo que se espera de él, está creando una especie de juego de bolos ineficaz. Usted planta los bolos, pero cuando el jugador va a lanzar la bola advierte que hay una cortinilla entre él y los bolos. Así, cuando lanza la bola, esta se desliza por debajo de la cortinilla y el jugador oye su choque con los bolos, pero no puede saber cuántos ha derribado. Si le pregunta usted cómo le fue la jugada, contesta: «No lo sé, pero me ha gustado hacerla».

Siguió diciendo:

—Es como practicar el golf de noche. Muchos de mis amigos dejaron el golf, y cuando les pregunté por qué, me dijeron: «Porque los campos están demasiado atestados». Cuando les sugerí que jugasen de noche, se rieron de mi idea, porque ¿cómo podían jugar al golf sin ver los hoyos ni la pelota?

»Sucede lo mismo con el rugby. ¿Cuántas personas de este país se sentarían delante de sus televisores los domingos por la tarde o los lunes por la noche para ver correr a dos equipos de un lado al otro del campo si no hubiera puertas en sus extremos ni ningún otro modo de puntuar?

—¡Sí! ¿Y por qué suceden esas cosas con los empleados de las empresas?

—Sucede todo eso porque el motivador número uno del personal es sin duda la *reconsideración* crítica y constante de los resultados (eso que en biología se llama realimentación). Sobre esto, tenemos aquí otro dicho que vale la pena citar ahora: «La reconsideración crítica de los resultados es el desayuno de los campeones». Esta reconsideración nos mantiene en marcha. Sin embargo, por desgracia, cuando la mayoría de directores ejecutivos se dan cuenta de que esa reconsideración es el incentivo número uno del personal, suelen implantar una tercera forma de juego de bolos.

Tras una breve pausa, prosiguió:

—Cuando el jugador se acerca a la línea de lanzamiento, los bolos siguen de pie en su lugar y la cortinilla sigue ocultándolos a su vista, pero ahora hay otro factor en juego: un supervisor de pie detrás de la cortinilla. Cuando el jugador lanza la bola, oye el ruido de los bolos que caen, y el supervisor levanta dos dedos para indicarle que ha derribado dos. Pero, en realidad, ¿dicen la mayoría de directores ejecutivos al jugador que ha derribado dos bolos?

—No —respondió el joven, sonriendo—. Suelen decirle que falló ocho.

—¡Estupendo! ¡Ha dado usted en el clavo! —dijo el Ejecutivo al Minuto—. Lo que yo siempre solía preguntar en tales casos era por qué el director ejecutivo no levantaba la cortinilla para que tanto él como su subordinado pudieran ver los bolos. ¿Por qué? Porque se contaba (y se sigue contando) con esa gran tradición nuestra que es el informe del Control del Rendimiento.

—¿Porque se contaba con el próximo Control del Rendimiento? —preguntó el joven.

—Sí. Yo, a eso, solía llamarlo TAHP, es decir, las iniciales de «¡Te atrapé, hijo de perra!». Tales directores ejecutivos no dicen a sus empleados lo que esperan de ellos; les dejan a su suerte y, ¡zas!, se los quitan de encima cuando no alcanzan el nivel de rendimiento deseado.

—¿Y por qué supone usted que hacen eso? —preguntó el joven, acostumbrado ya a la veracidad de los comentarios del Ejecutivo al Minuto.

—Para ser bien vistos —fue su respuesta.

—¿Para ser bien vistos? ¿Qué quiere usted decir? —preguntó el joven.

—¿Cómo cree que le consideraría a usted el jefe de su empresa si colocara en el nivel más alto de la escala de Control del Rendimiento a cuantos le presentaran habitualmente sus informes?

—¿Quiere usted decir que quedaría como un blandengue incapaz de discriminar un buen rendimiento de un mal rendimiento?

—Exactamente —dijo el ejecutivo—. En la mayoría de empresas es muy corriente que el director ejecutivo, para ser bien visto como tal, se vea obligado a demostrar que sorprendió a algún miembro del personal mientras cometía un error. Hay que tener algunos ganadores, algunos perdedores, y los demás en algún lugar entre estas dos categorías extremas. En los países avanzados, ¿sabe usted?, existe una mentalidad de eso que en estadística se llama «curva de distribución normal». Recuerdo que una vez, al visitar la escuela de mi hijo, presencié una prueba de quinto grado sobre los nombres de las capitales del mundo. Cuando pregunté a la profesora por qué no ponía mapas en las paredes de la clase para que los alumnos pudieran usarlos durante la prueba, me dijo: «No puedo hacerlo, porque entonces todos obtendrían un ciento por ciento de aciertos», como si quedar bien fuera una desventaja para alguien.

Más adelante, añadió:

—También recuerdo haber leído que, cuando alguien preguntaba a Einstein su número de teléfono, el gran físico y matemático tenía que buscarlo en la guía telefónica.

El joven rió:

—Usted bromea.

—No, no bromeo. Einstein decía que no quería atiborrar su cabeza de informaciones que podía encontrar en otro lugar... Y, ahora, respóndame sinceramente. Si no supiera quién fue Einstein, ¿qué pensaría usted de una persona que tuviera que buscar su propio teléfono en la guía telefónica? ¿Diría que es un ganador o un perdedor?

El joven sonrió y dijo:

—Un perdedor nato.

—Exacto —respondió el ejecutivo—. Yo también lo creería, pero nos equivocaríamos los dos, ¿verdad?

El joven asintió con un movimiento de cabeza.

—Es muy fácil que cualquiera de nosotros cometa este error —dijo el ejecutivo. Entonces mostró al visitante el rótulo que había ordenado hacer para él mismo. Decía así:

*Cada uno de nosotros
es un ganador
en potencia.
Algunas personas
van disfrazadas
de perdedores.
No hay que dejarse
engañar por las apariencias*

—En realidad, tiene usted tres opciones como director ejecutivo. Primero, puede tomar ganadores a su servicio; son difíciles de encontrar y cuestan mucho dinero. O, segundo, si no encuentra ganadores, puede tomar a un ganador en potencia; entonces, adiestra usted sistemáticamente a esa persona para que llegue a ser un ganador. Si no se inclina por ninguna de estas dos soluciones (y me sorprendo a cada momento del número de directores ejecutivos que no emplean el dinero necesario para contratar a un ganador o que no invierten el tiempo preciso para convertir a alguien en ganador), solo queda un último recurso: rezar.

El joven rió en silencio.

—Permítame esta chispa de humor, joven. Sin embargo, son muchos los directores ejecutivos que se ven obligados a decir cada día, como si rezaran: «¡Ojalá este nuevo empleado dé el resultado que espero de él!».

—Entonces —dijo el joven muy seriamente—, creo que lo mejor es decidirse por la primera opción. Si toma usted un ganador a su servicio, resulta muy fácil ser un Ejecutivo al Minuto, ¿no es así?

—Sí, lo es —respondió el ejecutivo con una sonrisa. Estaba sorprendido de lo serio que se había puesto el joven, como si ponerse serio contribuyera a mejorar su imagen como ejecutivo—. Todo lo que hay que hacer con un ganador es formular una Previsión de Objetivos de un Minuto y dejarle que actúe por su cuenta.

—Según me dio a entender Ms. Brown, a veces usted ni siquiera tiene que hacer eso con ella —dijo el joven.

—Y tiene toda la razón —dijo el ejecutivo—. Ha olvidado más de lo que saben la mayoría de mis empleados. Pero con quien sea, ganador nato o ganador en potencia, la Previsión de Objetivos de un Minuto es una herramienta básica para el comportamiento productivo.

—¿Es cierto —preguntó el joven— que, con independencia de quién inicie la Previsión de Objetivos de un Minuto, cada previsión debe escribirse en una sola hoja de papel y caber en ella?

—Absolutamente cierto —respondió el Ejecutivo al Minuto.

—¿Por qué es eso tan importante?

—Es importante porque así los empleados pueden revisar sus objetivos con frecuencia y comparar la marcha de su trabajo con los objetivos previstos.

—He de suponer que usted solo ha escrito para ellos sus objetivos y responsabilidades más importantes y no cada aspecto de su tarea —dijo el joven.

—Sí. Ello obedece a mi deseo de no convertir la empresa en un almacén de papel. No quiero acumular montañas de papeles para mirarlos solo una vez al año, con ocasión de la Previsión de Objetivos para el próximo ejercicio, del Control del Rendimiento o algo por el estilo. Como habrá tenido ocasión de ver, todos los que trabajan para mí tienen cerca de ellos un rótulo como este —y mostró a su visitante un hermoso ejemplar.

*Invierta un minuto
en examinar sus objetivos,
en comprobar
el rendimiento de su tarea,
en comparar
la adecuación de su trabajo
con sus objetivos*

El joven quedó sorprendido. No había advertido aquel rótulo en sus breves visitas.

—Nunca lo había visto —dijo—. Es algo portentoso. ¿Podría facilitarme uno?

—Claro... —dijo el ejecutivo—. Haré que se lo den.

Mientras anotaba algo de lo que estaba aprendiendo, el aspirante a director ejecutivo dijo, sin levantar la cabeza:

—¿Sabe usted? Es difícil aprender todo lo que hay que saber sobre la Dirección al Minuto en tan poco tiempo. Quisiera saber algo más, por ejemplo, sobre la Previsión de Objetivos de un Minuto; quizá pueda hacerlo más tarde. O tal vez podríamos pasar ahora a los Elogios de un Minuto... —sugirió el joven, mientras levantaba la cabeza de su cuaderno de notas.

—Claro que sí —dijo el Ejecutivo al Minuto—. Probablemente se pregunta por qué da también tan excelentes resultados.

—Sí, es lo que me pregunto —respondió el visitante.

Por qué dan buen resultado los Elogios de un Minuto

Veamos algunos ejemplos —dijo el Ejecutivo al Minuto—. Supongo que así entenderá claramente por qué los Elogios de un Minuto funcionan tan bien.

—Le agradeceré su explicación —dijo el joven.

—Comenzaré con el ejemplo de una paloma y luego hablaremos de la gente —dijo el ejecutivo—. Solo debe recordar, joven, que las personas no son palomas. Las personas son más complicadas: son seres conscientes que piensan por sí mismos y no quieren ser manipulados por los demás. Recuerde esto y respételo. Es la clave de la buena dirección de personal... Teniendo esto presente, examinemos varios ejemplos sencillos, demostrativos de que todos buscamos lo bueno para nosotros y evitamos lo malo.

Tras una breve pausa, añadió:

—Supongamos que tiene usted una paloma

sin amaestrar y que desea hacerla entrar en una caja por la esquina inferior izquierda para que se dirija al rincón superior derecho y apriete una palanca con su pata derecha. Supongamos que, no muy lejos del punto de entrada, tenemos un aparato que suelta bolitas de comida para recompensar y «reforzar» a la paloma. ¿Qué cree usted que sucederá si ponemos el animal dentro de la caja y esperamos a que se dirija al rincón superior derecho de la misma y apriete una palanca con su pata derecha sin haberle dado antes de comer? —preguntó el Ejecutivo al Minuto, clavando fijamente su mirada en los ojos del joven.

—Se moriría de hambre —respondió el joven.

—Tiene usted razón. Perderíamos muchas palomas. La paloma se morirá de hambre porque no tiene la menor idea de lo que esperamos de ella. Ahora bien, en realidad no es demasiado difícil amaestrar a una paloma para que se comporte de esta manera. Si cuando cruza la línea de entrada a la caja el aparato se dispara, ¡clic!, y suelta algunas bolitas alimenticias para que la paloma pueda comérselas, no tardará en correr por sí misma hacia aquel lugar. Pero usted no desea que el animal se quede allí. ¿Dónde la quiere?

—En el rincón superior derecho de la caja —dijo el joven.

—¡Exacto! —confirmó el Ejecutivo al Minuto—. Por ello, al cabo de algún tiempo usted traza otra línea, no muy lejos de la primera, pero más cerca de la meta u objetivo: el rincón superior derecho. Ahora la paloma corretea por el antiguo punto, el de costumbre, pero no obtiene ni pizca de comida; entonces el animalillo cruza casualmente la segunda línea y consigue que el aparato le suelte de nuevo las bolitas alimenticias.

El joven le escuchaba absorto. El Ejecutivo al Minuto prosiguió:

—Traza usted aún otra línea. Más cerca de la meta, pero no demasiado lejos de la segunda para que la paloma pueda cruzarla fácilmente. Luego seguimos trazando nuevas líneas, cada vez más cercanas al rincón derecho superior de la caja, y el aparato alimentador va soltando pequeñas dosis de comida cada vez que la paloma las cruza, pero no suelta una buena cantidad de bolitas hasta que esta acierta a apretar la palanca con la pata derecha.

—¿Por qué pone usted esas pequeñas metas, esos objetivos parciales? —quiso saber el joven.

—Al poner esa serie de líneas en el camino de la paloma, establecemos pequeños objetivos que el animalillo puede lograr. Por lo tanto, la clave del adiestramiento o aprendizaje de toda persona en una nueva tarea es, al comienzo, sorprenderla mientras hace algo más o menos bien y seguir así hasta que llegue a hacerlo a la perfección.

Siguió diciendo el ejecutivo:

—Usamos constantemente este procedimiento con los animales y los niños, pero tendemos a olvidarnos de él cuando tratamos con personas adultas. En algunos acuarios marítimos de esos que existen en muchos países, suelen terminar el espectáculo haciendo saltar a una enorme ballena por encima de una cuerda tendida bastante más arriba del nivel del agua. Cuando la ballena, tras sobrepasar la cuerda, se zambulle de nuevo, salpica a las diez primeras filas de espectadores.

»La gente deja el espectáculo murmurando: "Es increíble. ¿Cómo pueden enseñar a hacer eso a una ballena?". ¿Cree usted que eso se consigue saliendo al océano en un par de botes —dijo el ejecutivo—, tendiendo una cuerda sobre el agua y gritando: "¡Salta! ¡Salta!", hasta que una ballena se lanza fuera del agua y pasa por encima de la cuerda? ¿Y que entonces dicen: "Contratémosla. Es una verdadera campeona"?

—No —dijo el joven, riendo—, pero eso *sería* contratar a un campeón, a un ganador.

Ambos compartieron con agrado aquel momento de humor.

—Tiene usted razón —dijo el ejecutivo—.

Cuando capturaron la ballena, esta no sabía cómo saltar sobre una cuerda. Pero al principio, cuando empezaron a adiestrarla en la gran piscina, ¿dónde cree que sus domadores pusieron la cuerda?

—En el fondo de la piscina —contestó el joven.

—¡Por supuesto! —respondió el ejecutivo—. Cada vez que la ballena pasaba nadando por encima de la cuerda, le echaban comida. No tardaron en levantarla un poco. Si la ballena, durante el adiestramiento, pasaba por debajo de la cuerda no le daban comida. Pero se la echaban siempre que nadaba por encima de ella. Así, al cabo de algún tiempo, la ballena empezó a nadar siempre por encima. Entonces fueron situando la cuerda un poco más arriba.

—¿Por qué alzaban la cuerda? —preguntó el joven.

—En primer lugar —comenzó el ejecutivo—, porque conocían muy bien el objetivo que perseguían: hacer saltar a la ballena fuera del agua y por encima de la cuerda. Y luego —prosiguió—, no resulta nada espectacular que un domador de cetáceos diga: «¡Fíjense ustedes! ¡La ballena ha vuelto a conseguirlo!», mientras todo el mundo mira al agua sin poder ver nada. Algún tiempo después ponían la cuerda a mayor altura, y así seguían hasta que esta llegaba a la superficie del agua. Entonces, la gran ballena llegaba a percatarse de que para que le dieran comida tenía que saltar parcialmente fuera del agua y por encima de la cuerda. Una vez alcanzado este objetivo, podían empezar a poner la cuerda cada vez a mayor altura fuera del agua.

—O sea que así es como lo consiguen... —dijo el joven—. Bueno, comprendo que estos procedimientos den buenos resultados con los animales, pero ¿no es pretender demasiado lograr lo mismo con las personas?

—No, de hecho es un proceso muy natural —dijo el ejecutivo—. Todos hacemos lo mismo con las criaturas que tenemos a nuestro cuidado. ¿Cómo cree usted que se puede enseñar a andar a un niño? ¿Se imagina a alguien poniendo a un bebé de pie y diciéndole: «Camina», y levantando al pequeño para darle un azote y decirle: «Te dije que caminaras». No; lo que hace usted es poner de pie al niño, y al ver que el primer día, bamboleándose, consigue no caerse en el acto, exclama lleno de entusiasmo: «¡Ya se sostiene solo! ¡Ya se sostiene solo!», y abraza y besa a la criatura. Al día siguiente, se aguanta un momento de pie y tal vez da un vacilante paso, uno solo, que atrae sobre él los besos y abrazos de toda la familia... Entonces el niño, al darse cuenta de que ha descubierto una fuente de mimos y zalamerías, empieza a mover una y otra vez sus inseguras piernas hasta que, finalmente, consigue caminar.

El Ejecutivo al Minuto hizo una pausa. Luego siguió con el ejemplo:

—Del mismo modo se procede para enseñar a hablar a una criatura. Suponga que usted quiere que un niño diga: «Dame un vaso de agua, por favor». Si no le diera usted agua hasta que el pequeño aprendiera toda la frase, el pobrecillo se moriría de sed. Por ello usted empieza diciendo: «Agua, agua». Hasta que, de pronto, un buen día, la criatura dice: «*Aba*». Da usted un brinco de alegría, besa y abraza al bebé, y telefonea enseguida a la abuela para que pueda oírle decir a través del aparato: «*Aba, aba*». No es «agua», claro, pero se le parece mucho.

»Como no desea usted tener un hijo que a la edad de veintiún años pida en un restaurante un vaso de "*aba*", poco después se las arregla para que diga solo la palabra "agua", y entonces empieza con el "por favor".

»Estos ejemplos ilustran el hecho de que lo más importante para enseñar a alguien cómo ser un ganador es sorprenderle mientras hace algo bien; al principio, más o menos bien y, de modo gradual, cada vez más cerca del comportamiento deseado. A un ganador no tiene usted que sorprenderle muy a menudo mientras hace algo bien, porque las personas con altos rendimientos se sorprenden a sí mismas cumpliendo su cometido a la perfección, cosa que las anima y refuerza su conducta positiva.

—¿Por ello observa usted de cerca a sus nuevos empleados —preguntó el joven— o al personal más experimentado cuando da comienzo a un proyecto?

—Sí —dijo el Ejecutivo al Minuto—; la mayoría de directores ejecutivos esperan que sus empleados hagan algo a la perfección para elogiarles. Como resultado, muchos de estos nunca llegan a conseguir altos rendimientos. Sus superiores solo se concentran en sorprenderles mientras hacen algo mal, es decir, algo que puede acercarse al grado de rendimiento deseado, pero que no se ajusta exactamente a él. En el caso de nuestra paloma, por ejemplo, ello equivaldría no solo a ponerla en la caja y negarle la comida hasta que acertara a apretar la palanca, sino también a rodear la caja de rejas electrificadas a fin de castigarla periódicamente para mantenerla motivada.

—No parece ser un procedimiento muy eficaz —sugirió el joven.

—Pues no, no lo es —asintió el Ejecutivo al Minuto—. Tras algún tiempo de continuos castigos y sin tener ni idea de su comportamiento más adecuado (es decir, apretar la palanca), la paloma se quedaría inmóvil en un rincón de la caja. Solo sabría que se encontraba en un ambiente hostil en el que no valdría la pena correr riesgos inútiles.

Siguió diciendo el ejecutivo:

—Esto es lo que hacemos a menudo con los empleados nuevos y sin experiencia. Les damos la bienvenida a bordo, les presentamos a todo el personal y luego les abandonamos a su suerte. No solo tratamos de sorprenderles mientras hacen algo bien, sino que periódicamente, ¡zas!, les damos un aguijonazo para que se muevan. Este es el estilo de dirección más popular. Lo llamamos el sistema «déjalo-solo-y-zas». Se deja a un empleado que se las arregle esperando de él un buen rendimiento, y cuando se observa que su trabajo no es satisfactorio, ¡zas!, una buena reprimenda.

—¿Y qué les sucede a los empleados que reciben ese trato? —preguntó el joven.

—Si ha estado usted en alguna organización, y supongo que ha visitado varias —dijo el ejecutivo—, lo sabrá, porque los ha visto. Hacen el menor esfuerzo posible. Eso es precisamente lo que falla hoy día en muchas empresas: su personal no produce, ni en calidad ni en cantidad... Y la causa principal de estos bajos rendimientos reside, simplemente, en la mala dirección del personal.

El joven dejó su cuaderno de notas a un lado de la mesa. Reflexionaba sobre lo que acababa de oír. Empezaba a considerar la Dirección al Minuto como lo que realmente era: una herramienta para llevar los negocios de manera práctica y eficiente.

Había quedado sorprendido de lo bien que funcionaba algo tan sencillo como un Elogio de un Minuto, tanto dentro como fuera del mundo empresarial.

—Esto me recuerda a unos amigos míos —dijo el joven—. Me comunicaron que habían comprado un perro y me preguntaron qué me parecía el sistema que utilizaban para enseñarle a comportarse correctamente en casa.

El ejecutivo preguntó, un poco temeroso:

—¿De qué procedimiento se trataba?

—Me dijeron que si el perro se permitía la libertad de defecar sobre la alfombra, le empujaban del morro hasta que tomaba contacto con el producto de su travesura y luego le daban unos azotes en el trasero con un periódico doblado. Después echaban al animal por la pequeña ventana de la cocina que daba a un patio trasero, donde se esperaba que el perro hiciera sus cosas.

»Luego me preguntaron si creía que aquel método daría buen resultado. Reí porque sabía lo que sucedería. Al cabo de tres días, el perro volvería a desahogarse en el suelo o sobre la alfombra y saltaría inmediatamente al patio por la ventana. El perro no sabía con exactitud qué debía hacer, pero su instinto le diría que lo mejor era alejarse lo antes posible del cuerpo del delito.

El ejecutivo aprobó con entusiasmo las palabras del joven.

—Es un ejemplo estupendo —dijo—. Esos son los efectos del castigo cuando se inflige a alguien que carece de confianza en sí mismo o que se siente inseguro por falta de experiencia. Si un empleado poco experimentado no trabaja bien (es decir, si no hace lo que usted deseaba que hiciese), en vez de amonestarlo es mejor hacerle repasar la Previsión de Objetivos de un Minuto y asegurarse de que comprende lo que esperamos de él cuando se percata de lo que usted considera una buena tarea.

—Muy bien —dijo el joven—. Así, una vez repasada la Previsión de Objetivos de un Minuto, ¿intenta usted sorprenderle de nuevo mientras hace algo más o menos bien?

—Exacto. Al principio, hay que crear continuamente situaciones en que uno pueda hacerle un Elogio de un Minuto —asintió el ejecutivo. Después, mirando al joven directamente a los ojos, el ejecutivo añadió—: Es usted muy receptivo y aprende con mucho entusiasmo. Ello me satisface y me estimula a seguir revelándole los secretos de la Dirección al Minuto.

Ambos sonrieron. Los dos sabían reconocer un Elogio de un Minuto...

—Y a mí, téngalo por seguro, me satisface más un Elogio de un Minuto que una Reprimenda de un Minuto. Creo que ya comprendo por qué dan tan buenos resultados las Previsiones de Objetivos de un Minuto y los Elogios de un Minuto. Me parecen muy acertados y razonables.

—Estupendo —dijo el Ejecutivo al Minuto.

—Pero aún no consigo imaginarme por qué dan buen resultado las Reprimendas de un Minuto —preguntó el joven.

—Permítame que le diga algunas cosas sobre eso —dijo el Ejecutivo al Minuto.

Por qué dan buen resultado las Reprimendas de un Minuto

Hay varias razones por las que la Reprimenda de un Minuto dan tan buen resultado —dijo el ejecutivo—. Para empezar, en la Reprimenda de un Minuto la reconsideración crítica de resultados ha de ser inmediata. Es decir, que debe usted abordar al individuo tan pronto como observe su «mal comportamiento» o se lo indique su sistema de información de datos. No es oportuno ni conveniente callarse ante el trabajo deficiente de alguien o tolerarlo.

»El hecho de que la reconsideración crítica de resultados (eso que en biología se llama, más técnicamente, "realimentación") se produzca de modo inmediato es un capítulo importante para explicar por qué la Reprimenda de un Minuto funciona tan bien. Si la amonestación no tiene lugar lo más cerca posible del fallo en cuestión, resulta difícil que la reprimenda deje sentir su influencia sobre la futura conducta del empleado en cuestión. Muchos directores ejecutivos son unos "acumuladores" de reprimendas. Almacenan en su mente las observaciones sobre los fallos o el bajo rendimiento de un miembro del personal, y un día, cuando llega el Control del Rendimiento anual o se sienten irritados porque "ya están hasta la coronilla", arremeten contra el empleado y le echan en cara todo lo que han hecho mal durante las últimas semanas o los últimos meses.

El joven respiró profundamente y dijo:
—¡Cuán cierto es todo eso!

El Ejecutivo al Minuto prosiguió:

—Y entonces, jefe y subordinado suelen acabar a gritos para que prevalezca su punto de vista o, simplemente, guardan silencio y sienten un gran resentimiento mutuo. La persona objeto de la reconsideración crítica de resultados no debe oír, en realidad, que ha hecho mal tal o cual cosa. Eso sería una versión de la reprimenda tipo «déjalo-solo-y-zas» de la que hemos hablado antes.

—La recuerdo muy bien —respondió el joven—. Es algo que quiero evitar a toda costa.

—Perfecto —asintió el ejecutivo—. Si los que tienen personal a sus órdenes intervinieran nada más notar algún fallo en un empleado, podrían hablar solo de un aspecto concreto de su comportamiento y la persona que recibiera la reprimenda no se vería vejada y confundida. Estaría en condiciones de escuchar la reconsideración crítica de resultados. Por eso creo que el Control del Rendimiento es algo que debe hacerse sobre la marcha y siempre que sea necesario; no algo que se pone en marcha una sola vez al año.

—Por lo tanto, una de las principales razones por las que la Reprimenda de un Minuto funciona tan bien es que la persona que recibe la amonestación puede «oír» la reconsideración crítica de resultados, porque el director ejecutivo se refiere a un aspecto específico del comportamiento del empleado y sus palabras parecen más claras y justas —resumió el joven.

—Sí —terció el ejecutivo—. Y, en segundo lugar, cuando doy a alguien una Reprimenda de un Minuto, nunca pongo en duda su valía o sus merecimientos como persona. Al mantenerse incólume su reputación, no se siente en la necesidad de defenderse. Solo critico el aspecto de su *comportamiento* que me interesa corregir. De este modo, mi reconsideración crítica de resultados y la reacción del amonestado siempre se refieren a su comportamiento concreto y no a su idiosincrasia como persona.

»Con mucha frecuencia, los directores ejecutivos, al reprender a un empleado atacan a la persona. Cuando doy una Reprimenda de un Minuto, mi objetivo es eliminar la faceta negativa de conducta del empleado, conservando intactos los aspectos personales. Por decirlo de otra manera: él, como persona, "está bien"; lo que no "está bien" es su conducta.

—Por eso convierte usted la segunda parte de la reprimenda en un elogio —dijo el joven—. Da a entender al amonestado que su comportamiento es incorrecto, pero que él es una persona estupenda.

—Sí —convino el Ejecutivo al Minuto.

—¿Y por qué no le hace primero el elogio y después le da la reprimenda? —preguntó el joven.

—Por alguna razón que no puedo definir exactamente, sé que no daría resultado —dijo el ejecutivo—. De todos modos, hay algo al respecto que tiene mucha importancia. Algunos empleados dicen que, como director ejecutivo, soy «bondadoso y duro». Pero en honor a la verdad debo decir que es preferible ser «duro y bondadoso».

—«Duro y bondadoso» —repitió el joven.

—Sí —dijo el Ejecutivo al Minuto—. Es una antigua filosofía que ha dado buenos resultados durante miles y miles de años... Hay una historia de la antigua China que ilustra precisamente eso. En otros tiempos, ya muy lejanos, un emperador nombró a un segundo para que le ayudara a administrar el país. Llamó al que, dicho de otro modo, había pasado a ser su primer ministro y le dijo: «¿Por qué no nos dividimos las tareas? ¿Por qué no se encarga usted de todos los castigos y yo de todas las recompensas?». El primer ministro respondió: «Muy bien. Yo infligiré todos los castigos y vos concederéis todas las recompensas».

—Me parece que esta historia va a gustarme —dijo el joven.

—Le gustará, le gustará —dijo el Ejecutivo al Minuto con una astuta sonrisa—. Pero el emperador —prosiguió— pronto se dio cuenta de que cuando pedía algo a alguno de sus servidores, unas veces cumplían sus órdenes y otras no. Sin embargo, si era el primer ministro quien las daba, le obedecían en el acto. Así pues, el emperador llamó al primer ministro y le dijo: «¿Por qué no volvemos a dividir nuestras tareas? Ha estado usted infligiendo los castigos por algún tiempo. A partir de ahora, yo repartiré los castigos y usted las recompensas». Por lo tanto, el emperador y el primer ministro intercambiaron sus funciones.

»Pues bien: al cabo de un mes, el primer ministro se convirtió en emperador. El emperador, que se había mostrado bondadoso con todo el mundo y había concedido muchas recompensas, en virtud del acuerdo con su primer ministro empezó a castigar a la gente. Sus súbditos decían: "¿Qué le pasa a ese viejo chiflado?", y empezaron a tenerle ojeriza. Hasta que pensaron en su sustitución, diciéndose unos a otros: "¿Sabéis quién sería el más indicado para ocupar su puesto? El primer ministro", Y así fue: depusieron a uno y colocaron al otro en el trono.

—¿Es cierta esta historia? —preguntó el joven.

—¿Qué importa eso? —dijo, riendo, el Ejecutivo al Minuto. Después, seriamente, añadió—: Lo que sí sé es que si primero se muestra usted duro respecto al comportamiento en concreto y después benevolente y estimulante con la persona en general, la cosa da buen resultado.

—¿Podría citarme usted ejemplos más actuales en que la Reprimenda de un Minuto diera resultado en otros campos distintos de la dirección de empresas? —preguntó el joven al experto ejecutivo.

—Sí, ya lo creo... —contestó el ejecutivo—. Le mencionaré dos: el primero, sobre graves problemas relacionados con la conducta de los adultos; y el segundo, sobre la disciplina para con los niños.

—¿A qué se refiere usted al decir «graves problemas relacionados con la conducta de los adultos»? —preguntó el joven.

—Hablo, en particular, de los alcohólicos —contestó el ejecutivo—. Hace unos treinta años, un sacerdote buen observador de la conducta humana descubrió una técnica terapéutica que hoy se conoce como «intervención de crisis». Hizo el descubrimiento mientras ayudaba a la esposa de un médico. La mujer se hallaba en un hospital de una gran ciudad, en situación muy crítica: se estaba muriendo lentamente de cirrosis hepática. Pero aún negaba que tuviera un problema de tipo alcohólico. Así pues, cuando toda la familia se hallaba reunida alrededor de su cama, el sacerdote pidió a cada uno de los presentes que describiera los incidentes que habían tenido con ella a causa de la bebida. Eso es una parte importante de la Reprimenda de un Minuto. Antes de dar una reprimenda tiene que haber visto personalmente cómo se comporta quien va a recibirla; no puede depender usted de lo que haya visto otra persona. No dé nunca una reprimenda basada en lo que sepa solo «de oídas».

—Muy interesante —dijo el joven.

—Permítame que termine. Cuando todos los miembros de la familia hubieron descrito rasgos de conducta específicos, el sacerdote les pidió que dieran a la mujer su opinión sobre tales incidentes. Reunidos alrededor de ella, le dijeron primero lo que había *hecho* y, después, lo que *opinaban* al respecto. Se *sentían* furiosos, frustrados, embarazados. Y después le expresaron lo mucho que la querían, e instintivamente la acariciaron y le dijeron con todo cariño cuánto deseaban que se recuperara y volviese a disfrutar de la vida. Y que si estaban tan enfadados con ella era solo por eso.

—Parece tan sencillo... —dijo el joven—. Especialmente aplicado a algo tan complejo como un problema de tipo alcohólico. ¿Y dio resultado?

—Sí, un resultado sorprendente —contestó el Ejecutivo al Minuto—. Y ahora hay centros de «intervención de crisis» en muchos países. La cosa no es tan sencilla como la he resumido, por supuesto. Pero los tres factores básicos descritos (decir al sujeto lo que hizo mal; expresarle nuestra opinión sobre su conducta; y recordarle su valía y sus merecimientos) hacen que mejore en gran medida el comportamiento de la persona en cuestión.

—Es muy lógico que así suceda —dijo el joven.

—Lo es —asintió el ejecutivo.

—Me ha dicho usted que me daría dos ejemplos de cómo suelen usarse con éxito métodos como la Reprimenda de un Minuto. ¿Cuál es el otro? —dijo el joven.

—Sí, ahora se lo cuento. A principios de la década de 1970, un psiquiatra norteamericano hizo el mismo sorprendente descubrimiento con las criaturas. Había leído mucho sobre los lazos emocionales que las personas tienen entre ellas. Conocía las necesidades de la gente. Las personas necesitaban estar en contacto con otras personas que les hicieran caso, que las aceptaran en toda su valía por el solo hecho de ser personas... El psiquiatra sabía que la gente también necesita que se llame al pan, pan, y al vino, vino, cuando no se comporta bien.

—¿Cómo se traduce eso en acción práctica? —quiso saber el joven.

El Ejecutivo al Minuto respondió:

—Se enseña a los padres a tocar físicamente a sus hijos poniéndoles la mano en el hombro, o, si se trata de un niño muy pequeño, haciendo que se siente sobre las rodillas de uno de los progenitores. Entonces, el padre o la madre deben decir exactamente a la criatura lo que hizo mal y lo que ellos sienten y opinan al respecto en términos inequívocos. (Como puede ver, esto es muy parecido a lo que hizo la familia de la mujer enferma.) Al final, el padre (o la madre) respira profundamente, permaneciendo unos segundos en silencio para que la criatura pueda *notar* lo que siente su progenitor. Entonces este dice al pequeño lo valioso y lo importante que es para sus padres.

»¿Sabe usted? Cuando uno dirige a otras personas, es muy importante recordar que el comportamiento y la valía personal no son la misma cosa. Lo que realmente cuenta es que la *persona* dirija su propia conducta. Esto es tan cierto para nosotros en tanto que directores ejecutivos como lo es para el personal que dirigimos... Si no olvida usted esto —dijo el ejecutivo señalando uno de sus rótulos favoritos—, tendrá siempre a su alcance la clave de una reprimenda realmente eficaz.

*No somos solo
nuestra conducta.
Somos, además,
la persona
que dirige
nuestra conducta*

Concluyó el ejecutivo:

—Si es usted consciente de que dirige y critica a personas de carne y hueso, y no solo su comportamiento más reciente, obrará correctamente.

—Parece como si detrás de tal reprimenda hubiera una gran dosis de cuidado y respeto —dijo el joven.

—Me complace que lo haya advertido, joven. Tendrá usted éxito en sus Reprimendas de un Minuto cuando procure de verdad no herir la sensibilidad de la persona reprendida.

—Esto me recuerda —intervino el joven— lo que me dijo el señor Levy: que le daba usted unos golpecitos en el hombro, le estrechaba la mano, o tenía con él algún tipo de contacto físico cuando le dedicaba un elogio. Y ahora me doy cuenta de que se recomienda a los padres que toquen o acaricien a sus hijos cuando se les da una reprimenda. ¿Es ese contacto físico una parte importante de los Elogios y las Reprimendas de un Minuto?

—Sí y no —respondió el ejecutivo con una sonrisa—. Sí, si conoce usted bien a la persona y está realmente interesado en ayudarla en su trabajo; y no, si usted o la otra persona tienen alguna duda al respecto. Un simple contacto físico es un poderoso mensaje —añadió el ejecutivo—. Aunque la gente tiene una sensibilidad muy a flor de piel al respecto, y eso hay que tenerlo muy en cuenta y respetarlo. ¿Le gustaría a usted, por ejemplo, que durante un elogio o una reprimenda le tocara alguien de cuyos motivos no estuviera seguro?

—No —contestó el joven sin dudar—. ¡No me gustaría en absoluto!

—Ya ve, pues, lo que quiero decir —explicó el ejecutivo—. El contacto físico debe llevarse a cabo con sumo cuidado. Cuando usted toca a una persona, esta percibe enseguida si usted se preocupa por ella o si solo está tratando de encontrar una nueva manera de manipularla. Con todo, hay una regla muy sencilla respecto al contacto físico —prosiguió el ejecutivo—, y es la siguiente: *Cuando toque, no tome nada.* Toque a sus subordinados solo cuando les está *dando* algo: confianza, apoyo, ánimos o cualquier otra cosa.

—Por lo tanto, uno debe abstenerse de tocar a una persona —dijo el joven— hasta que esta sepa que su superior se interesa por su éxito, que se halla claramente a su lado. Lo comprendo muy bien. Sin embargo —añadió el joven en tono vacilante—, aun cuando los Elogios de un Minuto y las Reprimendas de un Minuto parezcan algo muy sencillo, ¿no constituyen, en realidad, un eficaz medio para conseguir que la gente haga lo que uno desea? ¿Y no es eso manipulación?

—Tiene usted razón al decir que la Dirección al Minuto es un eficaz procedimiento para conseguir que la gente haga lo que uno desea —confirmó el ejecutivo—. Sin embargo, la manipulación consiste en pretender que una persona haga algo *en contra de su voluntad o sin que se dé cuenta* de que está siendo manejada. Por eso es tan importante dejar que el empleado sepa perfectamente, y desde el primer momento, lo que está usted haciendo y por qué.

»Sucede como en las demás cosas de la vida —siguió explicando el ejecutivo—. Hay cosas que funcionan y otras que no. Ser honesto con la gente acaba dando buen resultado. En cambio, como habrá podido usted comprobar por sí mismo, ser deshonesto conduce a serios fracasos en el trato con nuestros semejantes, estén o no a nuestras órdenes.

—Ahora comprendo —dijo el joven— de dónde proviene su estilo de dirección del personal: se preocupa usted por la gente.

—Sí —dijo simplemente el ejecutivo—, creo que sí.

El joven recordó lo arisco que le pareció aquel hombre la primera vez que le vio.

Fue como si el ejecutivo hubiera leído su pensamiento.

—A veces —dijo el Ejecutivo al Minuto—, aunque te preocupes por alguien, hay que ser duro con él. Y yo lo soy. Soy muy duro en cuanto al mal comportamiento, pero solo en lo que a este atañe. Nunca soy duro con la persona como tal.

Al joven había llegado a caerle simpático el Ejecutivo al Minuto. Ahora ya sabía por qué a la gente le gustaba trabajar con él.

—Tal vez esto le parezca interesante, señor —dijo el joven, señalando su cuaderno de notas—. Es un rótulo que he creado para recordarme a mí mismo que los *objetivos* (las Previsiones de Objetivos de un Minuto) y sus *consecuencias* (los Elogios y las Reprimendas) influyen en el comportamiento del personal.

*Las previsiones de objetivos
determinan
ciertos comportamientos.
Las consecuencias
refuerzan esos comportamientos*

—¡Estupendo! —exclamó el ejecutivo.

—¿De veras cree que es estupendo? —preguntó el joven, queriendo oír de nuevo tan entusiasta cumplido.

—Joven —dijo con énfasis y muy lentamente el ejecutivo—, mi misión en la vida no es la de ser un magnetófono. No tengo tiempo para repetir mis palabras sin cesar.

El joven advirtió que, justamente cuando esperaba un Elogio de un Minuto, estaba a punto de recibir una Reprimenda de un Minuto, cosa que quería evitar.

Adoptó, pues, una expresión de seriedad y dijo simplemente:

—¿Cómo?

Se miraron un momento el uno al otro y ambos soltaron al unísono una carcajada.

—Me agrada usted, joven —dijo el ejecutivo—. ¿Le gustaría trabajar con nosotros?

El joven dejó a un lado su cuaderno de notas y dijo, entre entusiasmado y sorprendido:

—¿Quiere usted decir si me gustaría trabajar con usted?

—No. Quiero decir si le gustaría trabajar para sí mismo como el resto del personal de mi departamento. En realidad, aquí nadie trabaja para nadie más. Yo solo ayudo a los empleados a trabajar mejor, y nuestra tarea redunda en provecho de nuestra organización.

Aquello era, por supuesto, lo que el joven había estado esperando todo el tiempo.

—Sí, me gustaría mucho trabajar aquí —dijo.

Y así lo hizo... durante una temporada.

El tiempo que aquel singular director ejecutivo había invertido en él surtió efecto. Porque, finalmente, sucedió lo inevitable.

EL joven se convirtió en un Ejecutivo al Minuto.

El nuevo Ejecutivo al Minuto

El joven se convirtió en un Ejecutivo al Minuto no porque pensara y hablara como tal, sino porque se *comportaba* como uno de ellos.

Fijaba Objetivos de un Minuto.

Hacía Elogios de un Minuto.

Daba Reprimendas de un Minuto.

Formulaba preguntas breves, que iban al fondo del asunto; decía siempre la verdad; reía, trabajaba y disfrutaba con su labor.

Y, tal vez lo más importante de todo, animaba a la gente que trabajaba con él a hacer lo mismo.

Creó incluso un «Plan de Bolsillo», como si fuera un juego, para que las personas que con él colaboraban se convirtieran más fácilmente en Ejecutivos al Minuto. Lo dio como un útil regalo a cada empleado que dependía de él.

Breve resumen del
«PLAN DE BOLSILLO» DEL EJECUTIVO AL MINUTO
Cómo ofrecerse a sí mismo y a los demás «el regalo» de lograr mejores resultados en menos tiempo
FIJE OBJETIVOS: ELOGIE Y REPRENDA
LOS COMPORTAMIENTOS; ANIME A LA GENTE;
DIGA LA VERDAD; RÍA; TRABAJE; DISFRUTE
¡E INCITE A LAS PERSONAS CON LAS QUE TRABAJE A HACER LO MISMO QUE USTED!

Empiece

→ Establezca nuevos objetivos   CON   Revise, clarifique y póngase ←
de acuerdo sobre los objetivos
↓   ↓   ↓

LA PREVISIÓN DE OBJETIVOS DE UN MINUTO
(EN UNA HOJA DE PAPEL LEGIBLE EN 1 MINUTO)

Objetivos logrados ←   → Objetivos NO logrados
(o la parte lograda de los objetivos)   (QUE PUEDEN SER TODOS)

¡Ganó usted!   **Perdió usted**

PASE A LOS   Vuelva a los objetivos →
↓   y después pase a las
                                              ↓

ELOGIOS DE UN MINUTO
- elogie el comportamiento (CON ENTERA SINCERIDAD)
- HÁGALO PRONTO
- VAYA AL GRANO
- diga a la persona lo que hizo bien,
- y lo que piensa usted de ello
- ANIME A LA PERSONA (CON TODA SINCERIDAD)
- dele la mano y...

Siga adelante con su éxito

REPRIMENDAS DE UN MINUTO
- reprenda el comportamiento (CON ENTERA SINCERIDAD)
- HÁGALO PRONTO
- VAYA AL GRANO
- diga a la persona lo que hizo mal,
- y lo que piensa usted de ello
- ANIME A LA PERSONA (CON TODA SINCERIDAD)
- dele la mano y...
↓
Vuelva a empezar

Un regalo para usted mismo

Muchos años después, el hombre miró hacia atrás recordando el momento en que conoció por primera vez los principios del Ejecutivo al Minuto. Parecía que había pasado mucho tiempo. Se alegró de haber tomado nota de las enseñanzas del Ejecutivo al Minuto.

Había hecho imprimir aquellas notas en forma de libro, repartiendo gran cantidad de ejemplares entre mucha gente.

Recordaba la llamada telefónica que le hizo Ms. Gómez para decirle: «No sé cómo darle las gracias. Ha transformado por completo mi método de trabajo». Se sintió complacido de ello.

Mientras pensaba en el pasado, sonreía. Recordaba todas las enseñanzas del primer Ejecutivo al Minuto que había conocido y sentía hacia él una gran gratitud.

El nuevo Ejecutivo al Minuto estaba también satisfecho del nuevo paso hacia delante que habían dado sus propios conocimientos. Al regalar ejemplares de su libro a muchas otras personas de su organización había solucionado varios problemas prácticos.

Todos los que trabajaban con él se sentían seguros. Nadie se sentía manipulado o traicionado porque todos sabían con la misma claridad lo que él hacía y por qué.

También podían comprender por qué las técnicas aparentemente sencillas del Ejecutivo al Minuto —previsión de objetivos, elogios y reprimendas— daban tan buenos resultados con la gente.

Cada persona que poseía un ejemplar del libro podía leerlo y releerlo a su propio ritmo, hasta que lo comprendía a fondo y hacía buen uso de él. Nuestro *nuevo* Ejecutivo al Minuto se percató cumplidamente de la gran ventaja práctica de la repetición a la hora de aprender algo nuevo.

Compartir sus conocimientos de esta manera tan sencilla y honesta le ahorraba, por supuesto, muchísimo tiempo. E indudablemente hacía más fácil su tarea.

Muchas de las personas que tuvo a sus órdenes se habían convertido también en Ejecutivos al Minuto. Y estos, a su vez, habían hecho lo mismo con muchos de los empleados que dependían de ellos.

La organización, en su conjunto, se había vuelto mucho más eficiente.

Mientras estaba pensando sentado ante su mesa, el nuevo Ejecutivo al Minuto se dio cuenta de lo afortunado que era. Se había hecho a sí mismo un magnífico regalo: obtener mejores resultados en menos tiempo.

Tenía tiempo para pensar y planear; para dar a la organización la clase de ayuda que necesitaba.

Tenía tiempo para hacer ejercicio y conservar la salud.

Sabía que no sufriría la tensión diaria de que eran víctimas los demás ejecutivos.

Y sabía también que muchas otras personas que trabajaban con él disfrutaban de las mismas ventajas.

Su departamento era el que registraba menos cambios de personal —siempre costosos—, menos enfermedades en los empleados y menos absentismo. Los beneficios resultantes eran notables.

Al reflexionar sobre lo realizado, se alegró de no haber esperado a emplear la Gestión Empresarial al Minuto hasta ver que podía aplicarla *a la perfección*.

Cuando su personal hubo leído lo necesario sobre su sistema de gestión empresarial, preguntó a todos sus miembros si les gustaría estar a las órdenes de un Ejecutivo al Minuto.

Le sorprendió agradablemente el observar que había algo que sus empleados deseaban aún más que ser Ejecutivos al Minuto: *¡Tener a uno de ellos por jefe!*

Consciente de ello, le fue más fácil decir a sus empleados que no estaba seguro de poder dirigirlos exactamente como «se esperaba de él».

—No estoy acostumbrado a decir a los empleados lo competentes que son o a expresarles mis opiniones personales —les aclaró—. Y no estoy seguro, tras haber dado una reprimenda a alguien, de poder acordarme de calmarle y recordarle su valía como persona.

La típica respuesta de sus socios le hizo sonreír:

—¡Bueno, no cuesta nada probarlo!

Preguntando simplemente a sus empleados si querían ser dirigidos por un Ejecutivo al Minuto, y reconociendo que no siempre podía hacerlo a la perfección, logró algo muy importante: la gente con la que trabajaba se convenció desde el primer momento de que él estaba honestamente a su lado. Y *aquello* era lo que más importaba.

Entonces el nuevo Ejecutivo al Minuto se levantó y empezó a caminar por su limpio y ordenado despacho. Se hallaba abstraído en profundos pensamientos.

Se sentía satisfecho de sí mismo, como persona y como ejecutivo.

Sus preocupaciones por el personal le habían dado excelentes resultados. Había subido de categoría en la organización, adquiriendo más responsabilidades y logrando mayores recompensas.

Y estaba seguro de que había llegado a ser un director ejecutivo eficiente porque tanto su empresa como su personal se habían beneficiado claramente de su presencia.

Un regalo para los demás

De pronto, el zumbido del interfono le hizo dar al ejecutivo un respingo.

—Perdone, señor, que le interrumpa —oyó que decía su secretaria—, pero hay una joven al teléfono. Desea saber si puede venir a hablar con usted sobre nuestro estilo de dirección del personal.

El nuevo Ejecutivo al Minuto se sintió complacido. Sabía que cada día eran más las mujeres que se interesaban por el mundo de los negocios. Se alegró de que algunas de ellas quisieran adquirir nuevos conocimientos sobre la dirección empresarial con la misma perspicacia que él había demostrado.

El departamento del director ejecutivo funcionaba ahora a pleno rendimiento. Como cabría esperar, era una de las mejores divisiones operativas del mundo. Sus empleados eran productivos y felices. Y él también se sentía dichoso. Estaba satisfecho de sí mismo y del puesto que había alcanzado.

—Venga cuando desee —dijo a la mujer que había llamado.

... Y pronto se halló hablando con una joven de viva inteligencia.

—Me complacerá compartir con usted mis secretos de gestión empresarial —dijo el nuevo Ejecutivo al Minuto, mientras conducía a la visitante hacia el sofá—. Solo quiero pedirle una cosa.

—¿De qué se trata? —preguntó la joven.

—Simplemente —empezó a decir el ejecutivo— de que usted...

*Haga partícipes
a los demás*

Sobre los autores

El doctor KENNETH BLANCHARD, presidente de la entidad Blanchard Training and Development (BTD), Inc., es un autor, educador y asesor-instructor de renombre internacional. Es también coautor de una obra clásica y muy elogiada sobre el liderazgo y la conducta organizativa, *Management of Organization Behaviour: Utilizing Human Resources*, que se halla ya en su cuarta edición y ha sido traducida a numerosos idiomas.

El doctor Blanchard se graduó en Letras en la especialidad de Gobierno y Filosofía en la Universidad Cornell, obtuvo el título de *master* en la Universidad Colgate en Sociología y Asesoramiento, y se doctoró en Cornell en la especialidad de Administración y dirección de empresas. Actualmente presta sus servicios como profesor de dirección y organización de la conducta en la Universidad de Massachusetts,

Amherst. Además, es miembro de los National Training Laboratories (NTL).

El doctor Blanchard ha asesorado a compañías y organizaciones tan distinguidas como Chevron, Lockheed, Holiday Inn, las Fuerzas Armadas de Estados Unidos y la UNESCO. El método Hersey/Blanchard de Liderato Situacional aplicado a la dirección empresarial ha sido incorporado a los programas de aprendizaje y desarrollo de Mobil Oil, Carterpillar, IBM, Xerox, la Southland Corporation y otras numerosas empresas de rápido crecimiento. Como asesor de gestión empresarial, el doctor Blanchard participa en muchos seminarios a lo largo y ancho de Estados Unidos.

El doctor Spencer Johnson es presidente de la Candle Communications Corporation, y también editor, conferenciante y asesor de la especialidad de comunicaciones. Ha escrito más de una docena de obras sobre medicina y psicología, que en total suman más de tres millones de ejemplares.

El doctor Johnson se graduó en Psicología en la Universidad de California del Sur y se doctoró en Medicina en el Real Colegio de Cirujanos de Irlanda, haciendo su aprendizaje médico en la Facultad de Medicina de la Universidad de Harvard y en la Clínica Mayo.

Ha sido director médico de Comunicaciones de Medtronic, una de las primeras empresas que se dedicó a la fabricación de marcapasos cardíacos, e investigador médico del Instituto de Estudios Interdisciplinarios, destacada entidad médico-social de Minneapolis. También ha sido asesor de Comunicaciones del Centro para el Estudio de la Persona y Dimensiones Humanas del Programa de Medicina; y del Centro de Educación Permanente de la Facultad de Medicina de la Universidad de California en La Jolla.

Esta obra, como todas las del doctor Johnson, refleja su continuo interés en ayudar a la gente a experimentar menos tensión y a lograr un mejor estado de salud mediante una más profunda comunicación interpersonal. El doctor Johnson y el doctor Blanchard también han producido, en colaboración con la CBS-Fox-Video, EL EJECUTIVO AL MINUTO, en vídeo.

ÍNDICE

Agradecimientos 9

Prólogo 11
La búsqueda 15
El Ejecutivo al Minuto 25
El primer secreto: la Previsión de
 Objetivos de un Minuto 39
*Resumen: La Previsión de Objetivos de un
 Minuto* 54
El segundo secreto: los Elogios de un
 Minuto 57
Resumen: Los Elogios de un Minuto 68
La apreciación 75
El tercer secreto: las Reprimendas de un
 Minuto 79
Resumen: Las Reprimendas de un Minuto . 95
El Ejecutivo al Minuto se explica 99
Por qué dan buen resultado las Previsiones
 de Objetivos de un Minuto 107

Por qué dan buen resultado los Elogios de
   un Minuto 129
Por qué dan buen resultado las
   Reprimendas de un Minuto 145
El nuevo Ejecutivo al Minuto 169
Un regalo para usted mismo 171
Un regalo para los demás 177

Sobre los autores 183

El ejecutivo al minuto

Esta obra se terminó de imprimir en septiembre del 2009
en Litográfica Ingramex, S.A. de C.V.
Centeno 162-1 Col. Granjas Esmeralda
México, D.F. 09810